pinksugar

BY KESSY

Kessy Bóna

65 süße Versuchungen

CHRISTIAN

Inhalt

VORWORT   6
❤ Herzlich willkommen in unserer Küche!

EINMAL UM DIE WELT
Von Schokoladen-Baklava bis New York Cheesecake Cookies   8

FRÖHLICHE KINDERTAGE
Von Erdbeer-Milchschnitten bis zur Funfetti-Eistorte   36

WINTERWONDERLAND
Von Soft Amarettini bis zum Nutella-Stern   66

KUSCHELIGE HERBSTTAGE
Von der Birnen-Tarte-Tatin bis zum Cappuccino Pound Cake   92

SÜSSE SOMMERTRÄUME
Von Karotten-Cupcakes bis zum Croquembouche   114

GESCHENKE AUS DER KÜCHE
Von Sweet Sushi bis zum Brownie-Mix   142

BASICS
Alles über Royal Icing, Ganache und Co.   144

Glossar   176
Rezeptverzeichnis   179
Vorlagen   180
Danksagung   183

Herzlich willkommen in unserer Küche!

In einer bunten Welt voll Kuchenduft, Liebe und einer gehörigen Portion Freude. Bei uns ist viel los und wir sind ständig unterwegs. Da braucht man zwischendurch ruhige Momente, in denen man sich voll und ganz aufeinander konzentrieren kann und Mußestunden genießt. Vor allem die Geburt unseres Sohnes Kenoa vor ein paar Jahren hat so ziemlich alles verändert und durcheinander gewirbelt. Sie hat mehr denn je den Wunsch nach einem gemütlichen Zuhause, einem Nest für die Familie geweckt. Hübsche Dekorationen, die ich meist selbst mache, und vor allem der (Kuchen-) Genuss gehören dabei für mich untrennbar zusammen.

Mir tut Backen gut. Ich kann mich vor allem beim Teigrühren wunderbar entspannen. Doch nur, wenn man Rezepte mit Gelinggarantie hat, kann man sich dabei stressfrei fallen lassen und auf das Resultat freuen. Wenn dann erst der Kuchenduft durch das Haus zieht, ist die Familie bestimmt ganz rasch versammelt, denn lauwarm direkt aus der Küche auf die Hand schmeckt's ja doch am besten!

Ein Kindergeburtstag ist nicht nur für das Geburtstagskind ein großer Tag. Als Mama macht man sich vorher so viele Gedanken: Wem schmeckt was? Worüber freut sich das Geburtstagskind am meisten? Soll die Feier ein bestimmtes Motto haben? An einem dieser Geburtstage wurde die Idee zum Blog „Kessy's Pink Sugar" geboren. Ich habe mich entschlossen, die Anleitungen für meine Kreationen so vielen Menschen wie möglich zugänglich zu machen – natürlich nicht nur für Kindergeburtstage, sondern für jeden Anlass und jede Gelegenheit. Und ein Blog, also eine Webseite mit interaktiven Funktionen, ist da eine tolle Lösung. Mein Blog ist wie ein Baby, man ist in Gedanken ständig dabei, arbeitet und überarbeitet fortlaufend und versucht sich weiterzuentwickeln. Dabei helfen mir meine Leser ungemein weiter, denn durch den direkten Kontakt mit Menschen aus so vielen Ländern kommt wertvolles Feedback, das auch gleich umgesetzt werden kann.

Das Besondere an meinem Blog ist, dass er nicht nur auf eine Sache spezialisiert ist, sondern zwei ganz große Gebiete miteinander verbindet. Auf der einen Seite stehen köstliche Kuchen, Torten, Cupcakes und Kekse. Dabei liebe ich es besonders, traditionelle Rezepte neu umzusetzen und hübsch zu präsentieren. Denn oft sind genau diese altbewährten Rezepte die besten. Ein bisschen frischer Wind und neue Ideen, und schon ist der Klassiker wieder hip, modern und ganz groß in Mode. Die andere Seite ist die bunte Welt der Fondant-Motivtorten, die so vielfältig und schier grenzenlos ist.

Meine Devise lautet, dass mit den richtigen Tipps wirklich jeder backen und dekorieren kann! Dieses Wissen gebe ich in meinen Kursen vor Ort und jetzt auch in diesem Buch weiter. Das Backresultat der letzten Jahre und natürlich viele neue Inspirationen habe ich auf diesen Seiten vereint und ich hoffe sehr, Euch damit eine Freude zu machen und auch Euch fürs Backen und Dekorieren begeistern zu können!

Süße Grüße, Eure Kessy

Die Anzahl der Muffins unter dem Rezepttitel gibt den Schwierigkeitsgrad an:

 leicht

 mittel

 aufwändig bzw. schwierig

Erläuterungen zu Arbeitsgeräten und Hilfsmitteln, die bei den einzelnen Rezepten verwendet werden, findet Ihr im Glossar auf Seite 176.

Einmal um die Welt

… und mit allen Sinnen genießen. Die Farben und Gerüche der Ferne verzaubern uns und nehmen uns mit auf eine wundersame Reise in tausendundein Land.

Schokoladen-Pistazien-Baklava

Wie aus Tausendundeiner Nacht: Saftiges Baklava, am besten mit einem duftenden, starken Mokka serviert, ist ein Klassiker des Orients. In dieser Variante wird die Süße durch einen Hauch Zartbitterschokolade gebrochen.

Zubereitungszeit: 1 Stunde
Backzeit: 30–40 Minuten
Für 1 rechteckige Backform
mit 30 x 24 cm

1 Pck. Yufka bzw. Filoteig
(oder Strudelteig; etwa 300 g)
150 g Mandeln, gehackt
150 g ungesalzene Pistazien
2 Eiweiß
1 Prise Salz
2 EL heller Honig
100 g flüssige Butter,
mehr für die Form
100 g Zartbitterschokolade, geraspelt

ZUM TRÄNKEN
140 g Zucker
2–3 EL Zitronensaft
1 TL Rosenwasser

Die Backform leicht fetten. Den Teig etwa 10 Minuten bei Zimmertemperatur ruhen lassen. Den Backofen auf 200 °C Ober-/Unterhitze (oder 175 °C Umluft) vorheizen.

Die Mandeln und 100 g Pistazien im Universalzerkleinerer fein hacken. Die restlichen Pistazien nur grob hacken und beiseitestellen. Das Eiweiß mit dem Salz steif schlagen. Den Honig und die Hälfte der Mandel-Pistazien-Mischung unterrühren.

Drei Teigblätter in die vorbereitete Form geben, dünn mit flüssiger Butter bestreichen und etwas von der Eiweiß-Mandel-Pistazien-Mischung darauf verteilen. Abwechselnd so weiter schichten, dabei jedes Teigblatt dünn mit flüssiger Butter bestreichen. Zwischendurch die trockene Mandel-Pistazien-Mischung und die Schokoraspeln einstreuen. Mit einer Teigschicht abschließen.

Das Baklava mit einem scharfen Messer vorsichtig in Rechtecke oder Rauten schneiden (etwa 4 x 6 cm). Die restliche Butter darüber gießen. Im heißen Ofen 30–40 Minuten goldbraun backen (mit etwas Alufolie abdecken, falls es zu braun wird).

In der Zwischenzeit für den Guss den Zucker mit dem Zitronensaft und 250 ml Wasser aufkochen. Bei niedriger Temperatur in 15–20 Minuten zu einem Sirup einkochen, dann mit dem Rosenwasser abschmecken. Das fertig gebackene Baklava aus dem Ofen nehmen und sofort gleichmäßig mit dem Sirup übergießen. Für etwa 10 Minuten in den ausgeschalteten Ofen stellen; durch die Restwärme zieht der Sirup gut in den Teig ein. Auskühlen lassen. Vor dem Servieren mit den restlichen Pistazien bestreuen.

Rhabarber-Streusel-Muffins

Pünktlich zur Tea Time sind Irlands Schätzchen fertig. Die rustikalen Rhabarbermuffins passen ganz hervorragend zur rauen Natur der grünen Insel und schmecken mit einem Klecks Vanilleschmand oder Sahne und einer Tasse Tee ganz besonders gut.

Zubereitungszeit: 20 Minuten
Backzeit: 20–25 Minuten
Für 1 Muffinblech mit
Platz für 9 Muffins

FÜR DEN BELAG UND DIE STREUSEL
etwa 120 g Rhabarber
110 g Mehl
80 g kalte Butter
60 g brauner Zucker
1 Prise Salz

FÜR DEN TEIG
100 ml neutrales Speiseöl
110 g Zucker
1 Pck. Vanillezucker
1 Prise Salz
2 Eier
70 ml Milch
150 g Mehl
1 gestr. EL Backpulver
20 g Haselnüsse, gemahlen

AUSSERDEM
Puderzucker zum Bestauben

Zuerst den Belag und die Streusel vorbereiten. Dazu den Rhabarber schälen und in kleine Stücke schneiden. Das Mehl mit der Butter, dem Zucker und dem Salz zwischen den Fingern zu groben Streuseln verkneten. Bis zur Weiterverarbeitung in den Kühlschrank stellen.

Den Backofen auf 190 °C Ober-/Unterhitze vorheizen. Das Muffinblech mit Papierförmchen bestücken. Für den Teig in einer Schüssel das Öl mit dem Zucker, dem Vanillezucker und dem Salz schaumig schlagen. Erst die Eier, dann die Milch dazugeben. Weiterschlagen, bis eine homogene Masse entsteht. In einer weiteren Schüssel das Mehl mit dem Backpulver und den Haselnüssen mischen, dann zur Eiermasse hinzufügen und mit wenigen Bewegungen unterheben.

Die Förmchen nur bis zu drei Vierteln mit dem Teig befüllen, da der Teig beim Backen aufgeht. Die Rhabarberstücke und die Streusel darauf verteilen. Im heißen Ofen auf mittlerer Schiene 20–25 Minuten backen. Erst 5 Minuten im Blech abkühlen lassen, dann herausnehmen und auf einem Kuchengitter vollständig erkalten lassen.

Die Muffins mit einem Hauch Puderzucker bestauben.

Rosa Charlotte

Diese Torte ist ein echtes Prachtstück, das sich auch wunderbar als Hochzeitstorte eignet. Die zarten Biskuits mit Rosenaroma bleiben garantiert ewig in Erinnerung!

Zubereitungszeit: 2 Stunden
Backzeit: 25–30 Minuten
Kühlzeit: 5 Stunden
Für 2 Springformen mit
18 bzw. 20 cm Ø

FÜR DIE BISKUITSTÄBCHEN
5 Eier
1 Prise Salz · 140 g Zucker
1 Pck. Vanillezucker · 1 TL Rosenöl
rosafarbene Lebensmittelfarbe
(Paste; siehe Seite 177)
65 g Mehl · 65 g Speisestärke
100 g Puderzucker
zum Bestauben

FÜR DEN MANDELBISKUIT
4 Eier
1 Prise Salz · 150 g Zucker
Mark von 1 Vanilleschote
125 g Mehl · 1 gestr. TL Backpulver
80 g Mandeln, gemahlen

FÜR DIE FÜLLUNG
13 Blatt weiße Gelatine
600 g gut gekühlte Schlagsahne
750 g Speisequark
200 g Zucker · 2 Pck. Vanillezucker
1 EL Zitronensaft
100 g Himbeerkonfitüre
600 g Himbeeren

ZUM DEKORIEREN
etwa 200 g frische Beeren
essbare Blüten

Für die Biskuitstäbchen den Backofen auf 180 °C Ober-/Unterhitze vorheizen. Ein Backblech mit Backpapier belegen. Die Eier trennen. Das Eiweiß mit dem Salz steif schlagen, gegen Ende den Zucker einrieseln lassen. Das Eigelb mit dem Vanillezucker, dem Rosenöl und ein paar Tropfen Farbe schaumig schlagen, dann vorsichtig unter den Eischnee heben. Das Mehl und die Speisestärke mischen, darüber sieben und behutsam unterheben. Die Masse in einen Spritzbeutel füllen und mit etwas Abstand zueinander etwa 30 Stäbchen auf das Blech spritzen. Mit dem Puderzucker bestauben und sofort 10 Minuten backen.

Für den Mandelbiskuit den Backofen auf 160 °C Umluft vorheizen. Den Boden der Springformen mit Backpapier belegen. Die Eier trennen und das Eiweiß mit dem Salz steif schlagen. Dann langsam den Zucker einrieseln lassen. Das Eigelb und das Vanillemark unterrühren. Das Mehl mit dem Backpulver mischen und darüber sieben. Zum Schluss die Mandeln dazugeben und alles gut verrühren. Den Teig in die Formen verteilen und nebeneinander 15–20 Minuten backen. Die Garprobe machen (siehe Seite 122). Auskühlen lassen und jeden Boden einmal waagerecht halbieren. Um jeweils den unteren Boden einen Tortenring stellen.

Für die Füllung die Gelatine in kaltem Wasser einweichen. Die Sahne steif schlagen. Den Quark mit dem Zucker, dem Vanillezucker, dem Zitronensaft und der Konfitüre verrühren. Die Gelatine ausdrücken und bei niedriger Temperatur auflösen. Etwa 3 EL Quarkcreme einrühren, dann die Mischung unter die restliche Creme rühren. Die Himbeeren pürieren und zusammen mit der Sahne vorsichtig unterheben. Etwa die Hälfte der Creme zum Verzieren aufbewahren, den Rest auf die beiden Böden in den Tortenringen verteilen. Mit je einem Boden bedecken. Für mindestens 5 Stunden kalt stellen. Den großen Biskuit oben mit etwas Creme bestreichen, den kleinen Biskuit darauf stellen. Die restliche Creme rundum verteilen. Die Biskuitstäbchen um die Torten stellen. Die Charlotte mit den Beeren dekorieren und nach Belieben mit Blüten und einem farblich passenden Schleifenband verzieren. Bis zum Verzehr kühl stellen.

Bûche de Noël

Dieses traditionelle französische Festtagsgebäck erinnert an den Brauch,
zur Weihnachtszeit einen Scheit Holz zu verbrennen.

Zubereitungszeit:
1 Stunde 30 Minuten
Backzeit: 8–10 Minuten
Für 1 Rolle bzw. etwa 12 Scheiben

FÜR DIE SCHOKOLADENDEKO
UND DEN MANDELKROKANT
150 g dunkle Kuvertüre
½ TL Speiseöl
70 g Zucker
1 TL Butter
80 g Mandeln, gehackt

FÜR DEN SCHOKOBISKUIT
5 Eier
1 Prise Salz
110 g Zucker, plus 4 EL
zum Verarbeiten
1 Pck. Vanillezucker
125 g Mehl
1 gestr. TL Backpulver
2 EL Kakaopulver

FÜR DIE BUTTERCREME
400 ml Milch
1 Pck. Schokoladenpuddingpulver
(zum Kochen)
325 g Zucker
4 EL Espressopulver (Instant)
250 g weiche Butter

Zuerst die Schokoladendeko und den Krokant zubereiten. Für die Deko die Kuvertüre grob hacken und mit dem Öl über dem heißen Wasserbad schmelzen. Die geschmolzene Schokolade 2–3 mm dick mit einem Pinsel auf eine Lage Backpapier aufstreichen. Dieses sofort mit der Schokoseite nach innen zusammenrollen und für mindestens 20 Minuten in das Gefrierfach legen.

Für den Krokant den Zucker in einer Pfanne mit dickem Boden schmelzen, die Butter mit einem Holzlöffel einrühren und leicht bräunen lassen. Rasch die Mandeln unterrühren und mit dem Karamell umhüllen. Sofort auf eine Lage Backpapier streichen (Vorsicht, Verbrennungsgefahr!). Auskühlen lassen, dann in einen Frischhaltebeutel geben und mit einer Teigrolle zerkleinern.

Ein Backblech mit Backpapier belegen. Den Backofen auf 180 °C Ober-/Unterhitze vorheizen.

Für den Biskuit die Eier trennen. Das Eiweiß mit dem Salz und 2 EL kaltem Wasser steif schlagen, dabei den Zucker und den Vanillezucker einrieseln lassen. Das Eigelb unterrühren. Das Mehl mit dem Backpulver und dem Kakaopulver in einer Schüssel mischen, dann darüber sieben. Vorsichtig unterheben, damit die Luft nicht aus dem Biskuit entweicht. Die Biskuitmasse auf das Blech streichen und im heißen Ofen 8–10 Minuten backen.

Die 4 EL Zucker gleichmäßig auf ein sauberes Geschirrtuch streuen. Die heiße Biskuitplatte vorsichtig auf das Tuch stürzen. Sofort das Backpapier anfeuchten und abziehen, sonst klebt es fest. Den Boden mit dem Tuch von einer Längsseite her aufrollen und so auskühlen lassen.

Für die Buttercreme in einem Topf 300 ml Milch zum Kochen bringen. Das Puddingpulver mit der restlichen Milch und 125 g Zucker verrühren und zur heißen Milch gießen. Etwa 1 Minute unter Rühren eindicken lassen. Vom Herd nehmen und das Espressopulver einrühren. Eine Lage Frischhaltefolie direkt auf die Oberfläche legen und den Pudding bei Zimmertemperatur auskühlen lassen. Die Butter mit dem restlichen Zucker etwa 10 Minuten weißlich-schaumig aufschlagen. Den Pudding löffelweise unterheben und mit dem Krokant glatt rühren. (Wichtig: Buttercreme und Pudding müssen in etwa die gleiche Temperatur haben!)

Den Biskuit vorsichtig entrollen und zwei Drittel der Creme auftragen, dabei rundum einen 1–2 cm breiten Rand frei lassen. Die Rolle mithilfe des Küchentuches wieder zusammenrollen. Mindestens 2 Stunden kühl stellen. Aus dem Küchentuch nehmen, ein Stück der Rolle abschneiden und als „Ast" ansetzen. Den Kuchen mit der restlichen Creme verzieren.

Vorsichtig das Backpapier entrollen und die erstarrte Schokolade in Borken brechen oder schneiden. Auf die Buttercreme legen, sodass das Aussehen eines Baumstamms angedeutet wird. Bis zum Verzehr gut kühlen.

Mini-Schoko-Panettone

Es ranken sich mindestens so viele Legenden um diesen Kuchen, wie es Variationen gibt.
Hier eine Variante mit Schokolade und kandierten Früchten

Zubereitungszeit: 30 Minuten
Ruhezeit: 1 Stunde 10 Minuten
Backzeit: 40 Minuten
Für 1 Muffinform Größe XL mit Platz
für 6 Stück (oder 1 tiefe
Panettoneform für 1 großen Kuchen)

200 ml Milch
60 g Zucker, plus 1 TL
1 Würfel Hefe (à 42 g)
450 g Mehl
1 Prise Salz
1 Ei
60 g weiche Butter
60 g Schokodrops
60 g Orangeat
60 g Zitronat
80 g Belegkirschen

AUSSERDEM
1 Eigelb
2 EL Sahne
etwa 3 EL brauner Zucker

Die Form leicht fetten. Nach Belieben je einen Streifen Backpapier zurechtschneiden, mit Stempeln versehen und mit der bestempelten Seite nach außen in die gefettete Mulde legen.

In einem Topf die Milch und 1 TL Zucker nur lauwarm erwärmen. Die Hefe hineinbröckeln und darin auflösen. Vom Herd nehmen und stehen lassen. In einer großen Schüssel das Mehl mit den 60 g Zucker und dem Salz mischen und in die Mitte eine Mulde drücken. Das Ei und die Hefemilch hineingeben und alles gut verrühren. Die Butter in Flöckchen zum Teig geben. Alles gründlich verkneten. Dabei bei Bedarf die Hände bemehlen und weiterkneten, bis sich der Teig vom Schüsselboden löst und nicht mehr klebt.

Den Teig zu einer Kugel formen, in eine saubere Schüssel legen und mit einem Küchentuch bedecken. An einem warmen Ort etwa 40 Minuten gehen lassen, bis sich sein Volumen verdoppelt hat.

Die Schokodrops, die kandierten Früchte und die Belegkirschen grob hacken und unter den Teig arbeiten. Den Teig in sechs gleich große Portionen teilen und in die vorbereiteten Mulden des Bleches geben. Das ganze Blech wieder mit einem sauberen Küchentuch abdecken und den Teig weitere 30 Minuten gehen lassen. Inzwischen den Backofen auf 175 °C Ober-/Unterhitze (oder 150 °C Umluft) vorheizen. Die Küchlein in etwa 40 Minuten goldbraun backen.

Das Eigelb mit der Sahne verrühren. Die Mini-Panettone 10 Minuten vor Backende damit bestreichen und mit dem braunen Zucker bestreuen.

GESCHICHTE: *Angeblich hat der legendäre Kuchen aus Italien seinen Namen dem Küchenjungen Toni zu verdanken. Dieser soll vor rund 500 Jahren seinen eigenen Sauerteig geopfert und damit nicht nur ein herzogliches Bankett, sondern auch den Kopf des Kochs gerettet haben, dessen Kuchen verbrannt war. Da das Backwerk großen Erfolg hatte, nannte der Koch es nach seinem Erfinder „Pan de Toni" (Brot des Toni). Bis heute versüßt es als Panettone in vielen Familien die Festtage.*

Mamma Mias Stracciatellakuchen

Wenn in Italien die Mammas in die Hände klatschen und zum Essen rufen, darf auch ein Nachtisch nicht fehlen. Dass dieser Stracciatellakuchen auf einer rot-weiß-karierten Tischdecke mediterranes Sommerfeeling weckt, kann man sich gut vorstellen!

Zubereitungszeit: 30 Minuten
Backzeit: 50 Minuten
Für 1 Tarteform mit 24 cm Ø

FÜR DIE CREME
250 g Schmand
1 Pck. Vanillezucker
4 Eigelb
75 g Zucker
½ Pck. Vanillepuddingpulver
(zum Kochen)

FÜR DEN TEIG
180 g weiche Butter, mehr für die Form
120 g Zucker
1 Pck. Vanillezucker
1 Prise Salz
2 Eier
160 g Mehl, mehr für die Form
40 g Speisestärke
1 EL Backpulver
25 g Schokotröpfchen

FÜR DEN BELAG
UND DIE STREUSEL
4–5 EL rote Grütze
100 g Mehl
30 g brauner Zucker,
plus 2 EL zum Bestreuen
60 g kalte Butter in Stücken

Zuerst die Creme zubereiten. Dazu den Schmand und den Vanillezucker in einen kleinen Topf geben und erwärmen. In einer Schüssel das Eigelb mit dem Zucker verrühren, dann das Puddingpulver untermischen. Etwa 3 EL der Schmandcreme unter die Eimasse mischen, dann die Masse zurück in den Topf geben und bei niedriger Temperatur unter Rühren langsam eindicken lassen. Unter gelegentlichem Rühren abkühlen lassen.

Den Backofen auf 170 °C Ober-/Unterhitze (oder 150 °C Umluft) vorheizen. Die Tarteform leicht fetten und mit etwas Mehl bestauben. Für den Teig die Butter mit dem Zucker, dem Vanillezucker und dem Salz cremig aufschlagen. Nacheinander die Eier dazugeben und unterrühren. In einer weiteren Schüssel das Mehl mit der Speisestärke und dem Backpulver mischen, dann über die Eiermasse sieben und rasch unterheben. Zum Schluss die Schokotröpfchen einrühren. Den Teig in die Form streichen. Die Creme darauf verteilen. Die rote Grütze mit einem Esslöffel darauf klecksen.

Den Kuchen im heißen Ofen etwa 50 Minuten backen. Sobald der Kuchen im Ofen ist, für die Streusel das Mehl, den braunen Zucker und die Butter verkneten und zu Streuseln verarbeiten. Bis zur Weiterverwendung kühl stellen. Nach der Hälfte der Backzeit den Kuchen kurz herausnehmen, die Streusel darauf verteilen und den braunen Zucker darüber streuen. Den fertig gebackenen Kuchen bei leicht geöffneter Ofentür auskühlen lassen, dann herausnehmen.

Mamma Mia!

HOMEMADE
WITH LOVE

Chocolate
Dreams

Russischer Zupfkuchen

Auch wenn die eigentliche Herkunft des russischen Zupfkuchens bis heute weitgehend ungeklärt ist, so gehört er doch zu den absoluten Klassikern unter den Käsekuchen. Eine wahre Köstlichkeit in hübscher Optik. Da fühlt man sich den Zwiebeltürmen Moskaus doch gleich ein Stück näher …

Zubereitungszeit: 25 Minuten
Backzeit: 40–45 Minuten
Für 1 rechteckige Backform
mit 24 x 20 cm

FÜR DEN TEIG

90 g weiche Butter,
mehr für die Form
70 g Zucker
1 Pck. Vanillezucker
1 Prise Salz
2 Eier
200 g Mehl
1 EL Backpulver
3 EL echtes Kakaopulver

FÜR DIE FÜLLUNG

400 g Quark
100 g Zucker
1 Pck. Vanillezucker
1 EL abgeriebene Schale
von 1 unbehandelten Zitrone
2 Eier
90 g weiche Butter
½ Pck. Vanillepuddingpulver
(zum Kochen)

Die Backform leicht fetten und mit Backpapier auslegen (siehe Seite 125). Den Backofen auf 180 °C Ober-/Unterhitze (oder 160 °C Umluft) vorheizen.

Für den Teig die Butter mit dem Zucker, dem Vanillezucker und dem Salz schaumig schlagen. Die Eier nacheinander unterrühren. Das Mehl mit dem Backpulver und dem Kakao mischen, über die Buttermasse sieben und unterheben. Etwa zwei Drittel des Teiges in die Form geben und glatt streichen; den restlichen Teig beiseitestellen.

Für die Füllung den Quark mit dem Zucker, dem Vanillezucker, der Zitronenschale, den Eiern und der Butter mischen und glatt rühren. Das Puddingpulver darüber streuen und alles klümpchenfrei verrühren. Die Quarkmasse auf dem Teig verstreichen. Den beiseitegestellten Teig in kleine Stücke zupfen und auf der Quarkmasse verteilen.

Den Kuchen im heißen Ofen auf mittlerer Schiene 40–45 Minuten backen. Einige Minuten im leicht geöffneten Ofen abkühlen lassen, dann herausnehmen und vollständig auskühlen lassen. In beliebig große Rechtecke schneiden.

TIPP: *Die Zutaten reichen alternativ für etwa zwölf Muffins. Wer die Füllung noch verfeinern möchte, kann saftige Aprikosenstückchen untermischen.*

Gató de almendra

Im Frühling steht die Baleareninsel Mallorca in voller Mandelblüte. Und wenn die Mandeln frisch geerntet werden, kann man sie auf den vielen kleinen Märkten der Provinzen erwerben. Die regionale Spezialität ist die Basis für diesen unglaublich saftigen Kuchen, der durch seine Schlichtheit besticht.

Zubereitungszeit: 15 Minuten
Backzeit: 45 Minuten
Für 1 Spring-, Gugelhupf- oder
Tarteform mit 22 cm Ø

FÜR DEN TEIG
6 Eier
160 g Zucker
1 Pck. Vanillezucker
Saft und Schale
von ½ unbehandelten Orange
240 g Mandeln (ohne Haut), gemahlen
1 Prise Salz

AUSSERDEM
Butter und Mehl für die Form
Puderzucker zum Bestauben

Den Backofen auf 180 °C Ober-/Unterhitze (oder 160 °C Umluft) vorheizen. Die Backform leicht fetten und mit Mehl bestauben.

Die Eier sorgfältig trennen. Das Eigelb mit dem Zucker, dem Vanillezucker und der Orangenschale schaumig aufschlagen. Die Mandeln hinzufügen und unterrühren. Das Eiweiß mit dem Salz steif schlagen und unter die Eigelbmasse heben. Den Teig vorsichtig glatt rühren und in die Backform füllen.

Den Kuchen im heißen Ofen etwa 45 Minuten backen. Sollte er gegen Backende zu dunkel werden, mit etwas Alufolie abdecken. Die Garprobe machen (siehe Seite 122). Den Kuchen herausnehmen und mit einem Holzstäbchen mehrmals einstechen. Etwas Orangensaft in die kleinen Löcher träufeln. Den Kuchen vollständig auskühlen lassen und erst dann aus der Form stürzen. Mit einem Hauch Puderzucker bestauben.

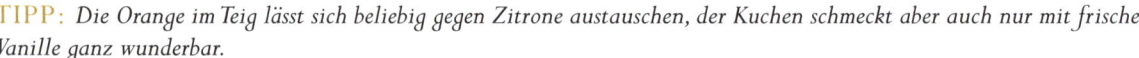

TIPP: *Die Orange im Teig lässt sich beliebig gegen Zitrone austauschen, der Kuchen schmeckt aber auch nur mit frischer Vanille ganz wunderbar.*

Kanelknuter

Diese unwiderstehlichen „Knoten" aus Skandinavien sind die kleinen Schwestern unserer feinen Zimtschnecke und dürfen bei keinem schwedischen Kaffeekränzchen fehlen.

Zubereitungszeit:
1 Stunde 30 Minuten
Ruhezeit: 50 Minuten
Backzeit: 14 Minuten
Für etwa 10 Stück

FÜR DEN TEIG
180 ml Milch
60 g Zucker, plus 1 TL
1 Würfel Hefe (à 42 g)
450 g Mehl, mehr zum Verarbeiten
1 Prise Salz
1 zimmerwarmes Ei
50 g weiche Butter

FÜR DIE FÜLLUNG
80 g Mandeln (oder Haselnüsse), gehackt
80 g Zucker
1 Pck. Vanillezucker
2 TL gemahlener Zimt
3 EL Aprikosenkonfitüre
50 g Butter

Für den Teig die Milch und 1 TL Zucker in einem Topf lauwarm erwärmen. Die Hefe hineinbröckeln und darin auflösen. Vom Herd nehmen und stehen lassen. In einer großen Schüssel das Mehl mit den 60 g Zucker und dem Salz mischen, in die Mitte eine Kuhle drücken. Das Ei und die Hefemilch hineingeben und alles gut verrühren. Die Butter in Flöckchen darauf verteilen. Alles gründlich mit bemehlten Händen verkneten, bis sich der Teig vom Schüsselboden löst und nicht mehr klebt. Zu einer Kugel formen und mit einem sauberen Küchentuch bedeckt an einem warmen Ort etwa 40 Minuten gehen lassen, bis der Teig sein Volumen verdoppelt hat.

Den Backofen auf 180 °C Ober-/Unterhitze (oder 165 °C Umluft) vorheizen. Ein Backblech mit Backpapier belegen.

Für die Füllung die Mandeln oder Nüsse in einer Pfanne ohne Fett anrösten. Mit dem Zucker, dem Vanillezucker und dem Zimt mischen.

Den Teig kurz auf leicht bemehlter Arbeitsfläche kneten, dann zu einem Rechteck ausrollen. Mit der leicht erwärmten Konfitüre bestreichen und mit der Nussmischung (2 EL beiseitestellen) bestreuen, leicht fest drücken. Die Teigplatte in der Mitte zusammenklappen und die Ränder mit einem Messer etwas begradigen. Den Teig in etwa zehn gleichmäßige Streifen schneiden. Jeden Streifen an beiden Enden festhalten und in sich zur Kordel drehen, dabei etwas in die Länge ziehen. Zu einem Knoten formen, das Ende durch die Schlaufe ziehen. Mit etwas Abstand zueinander auf das Backblech legen. Die Butter schmelzen und die Kanelknuter damit bestreichen. Mit der restlichen Nussmischung bestreuen und zugedeckt weitere 10 Minuten gehen lassen. Im heißen Ofen in etwa 14 Minuten goldbraun backen.

TIPP: *Die Füllung kann beliebig mit 100 g Marzipanrohmasse oder 1–2 EL echtem Kakaopulver verfeinert werden. Hübsch sieht es aus, die Oberfläche der Knoten mit etwas Hagelzucker zu verzieren.*

New York, New York!

$1.20

New York Cheesecake Cookies

Der amerikanische Klassiker mit Quarkfüllung und frischen Früchten in einer „To-go-Version", ein unwiderstehlicher Happen im praktischen Miniformat für alle, die auch unterwegs nicht verzichten möchten.

Zubereitungszeit: 20 Minuten
Backzeit: 25–30 Minuten
Für 9 Stück

FÜR DEN TEIG

130 g Speisequark
1 Ei
60 g Zucker
1 Pck. Vanillezucker
6 EL Milch
6 EL neutrales Speiseöl
50 g Butterkekse
200 g Mehl, mehr nach Bedarf
1 Pck. Backpulver
1 Prise Salz

FÜR DIE FÜLLUNG

100 g Frischkäse
60 g Speisequark
45 g Zucker
1 EL abgeriebene Schale
von 1 unbehandelten Zitrone
1 Eigelb
½ Pck. Vanillepuddingpulver

AUSSERDEM

1–2 EL Brombeerkonfitüre
9 frische Brombeeren zum
Dekorieren, alternativ
Heidelbeeren oder Erdbeeren
1 EL gehackte Pistazien
3–4 EL Sahne

Den Backofen auf 175 °C Ober-/Unterhitze (oder 150 °C Umluft) vorheizen und ein Backblech mit Backpapier belegen.

Für den Teig den Quark, das Ei, den Zucker, den Vanillezucker, die Milch und das Öl verrühren. Die Butterkekse in einem verschlossenen Gefrierbeutel mit einer Teigrolle fein zerkrümeln. Die Kekskrümel mit dem Mehl, dem Backpulver und dem Salz mischen und zur Quarkmasse geben. Zunächst mit den Knethaken des Handrührgeräts unterrühren, dann mit bemehlten Händen zu einem glatten Teig verkneten. Ist der Teig noch zu klebrig, etwas Mehl unterkneten. (Nicht zu lange kneten, damit der Teig nicht zäh wird.) In neun gleich große Portionen teilen. Diese zu Kreisen mit etwa 8 cm Ø formen und direkt auf dem Backpapier flach drücken. In die Mitte mit dem Rücken eines Esslöffels je eine Vertiefung eindrücken.

Für die Füllung alle Zutaten verrühren und in die Vertiefungen im Teig geben. Die Konfitüre in Schlingen darauf verteilen und mit einem Zahnstocher leicht marmorieren. Je eine Brombeere in die Mitte setzen und die Pistazien darüber streuen. Den Teigrand dünn mit Sahne bestreichen. Im heißen Ofen auf mittlerer Schiene 25–30 Minuten backen.

Feine Zitronen-Cannelés

Diese Spezialität stammt ursprünglich aus dem Frankreich des 16. Jahrhunderts und wurde wegen der aufwändigen Herstellung nur zu besonderen Anlässen gefertigt. Die Variante hier ist deutlich einfacher, auch für Backanfänger geeignet und gelingt immer.

Zubereitungszeit: 25 Minuten
Backzeit: 25 Minuten
Für 1 Silikonform mit
Platz für 8 Törtchen

FÜR DEN TEIG

110 g weiche Butter,
mehr für die Form (nach Belieben)
70 g Zucker, mehr für
die Form (nach Belieben)
1 Pck. Vanillezucker
1 Prise Salz
Saft und abgeriebene Schale
von ½ unbehandelten Zitrone
2 Eier
140 g Mehl
1 TL Backpulver
80 g Schmand (oder Vollmilchjoghurt)
Puderzucker zum Bestauben

Den Backofen auf 180 °C Ober-/Unterhitze (160 °C Umluft) vorheizen. Die Silikonform nach Belieben mit etwas Butter fetten und mit Zucker ausstreuen, wenn der Teig eine Knusperkruste bekommen soll.

Die Butter mit dem Zucker, dem Vanillezucker und dem Salz sehr schaumig rühren. Den Zitronensaft und die Zitronenschale untermischen, dann die Eier unterrühren.

In einer separaten Schüssel das Mehl mit dem Backpulver mischen und mit wenigen Bewegungen unter den Teig heben. Den Schmand dazugeben und alles zu einem glatten Teig verrühren.

Die Mulden der Form nur zu drei Vierteln mit dem Teig befüllen, da er beim Backen aufgeht. Die Küchlein im heißen Ofen in etwa 25 Minuten hellbraun backen. Herausnehmen und die Form auf ein Brett stürzen. Kurz abkühlen lassen, dann die Form nach oben abziehen. Die Törtchen nach dem Abkühlen mit einem Hauch Puderzucker bestauben.

TIPP: *Verfeinern lässt sich der Teig mit 2 EL Rum oder Orangenblütenwasser. Alternativ zum Bestauben mit Puderzucker die Törtchen mit einer Glasur überziehen: Dazu den Saft einer halben Zitrone mit so viel Puderzucker glatt rühren, bis eine dickflüssige Masse entsteht. Die Törtchen lassen sich auch gut in Minigugelhupf- oder Muffinförmchen backen.*

Blueberry Cheesecake

Eines meiner absoluten Lieblingsrezepte – ein echter 3-Sternchen-Plus-Kuchen aus Kanada, den ich wärmstens empfehlen kann!

Zubereitungszeit: 20 Minuten
Kühlzeit: 30 Minuten
Backzeit: 45–50 Minuten
Für 1 rechteckige Backform
mit 26 x 20 cm

FÜR DEN TEIG
280 g Mehl
160 g kalte Butter in Stücken
120 g Zucker
1 Pck. Vanillezucker
1 Prise Salz

FÜR DIE STREUSEL
2 EL brauner Zucker
20 g Kokosflocken

FÜR DEN BELAG
125 g frische Heidelbeeren
3 Eier
120 g Zucker
250 g Speisequark
125 g Frischkäse
1 Pck. Vanillepudding zum Kochen
1 Prise Salz
2 EL Heidelbeerkonfitüre

Die Backform mit Backpapier auslegen. (Es bleibt besser in Form, wenn man es zusammenknüllt, wieder glatt streicht und mit etwas Butter in den Ecken festklebt.) Für den Teig alle Zutaten sowie 2 EL kaltes Wasser in eine Schüssel geben und mit den Knethaken rasch vermengen. Etwa zwei Drittel des Teiges als Boden in die Form geben und mit einem Löffelrücken festdrücken. Für etwa 30 Minuten kühl stellen.

Für die Streusel den restlichen Teig mit dem braunen Zucker und den Kokosflocken mischen und ebenfalls kühlen. Den Backofen auf 175 °C Ober-/Unterhitze (oder 150 °C Umluft) vorheizen.

Für den Belag die Heidelbeeren waschen und trocknen. Die Eier trennen. Das Eigelb mit 70 g Zucker, dem Quark und dem Frischkäse glatt rühren, dann das Puddingpulver darüber streuen und klümpchenfrei unterrühren. Das Eiweiß mit dem Salz sehr steif schlagen, dabei gegen Ende den restlichen Zucker einrieseln lassen. Den Eischnee vorsichtig unter die Quarkmasse heben. Die Konfitüre dazugeben und die Masse mit ein oder zwei Löffelbewegungen leicht marmorieren. Die Quarkmasse auf dem Boden verteilen und mit den Heidelbeeren belegen. Im heißen Ofen 45–50 Minuten backen. Nach etwa 20 Minuten kurz herausnehmen und mit den Streuseln bestreuen. Im leicht geöffneten Ofen etwas abkühlen lassen, dann herausnehmen und in Schnitten teilen.

TIPP: *Der Kuchen kann statt mit Heidelbeeren auch mit Kirschen oder anderen Beeren gebacken werden*

Fröhliche Kindertage

Kuchenteig und Kinderglück
ist die schönste Kombination.
Lachende Kinderaugen und tolle
Erlebnisse bleiben für immer im
Gedächtnis und machen
einfach glücklich.

Aprikosen-Blümchen

Diese kleinen Blümchen mit saftigen Aprikosen passen ideal zur Osterzeit, für die große Runde oder auch mal als Gastgeschenk.

Zubereitungszeit:
1 Stunde 30 Minuten
Backzeit: 15–17 Minuten
Kühlzeit: 1 Stunde
Für 1 Muffinblech mit Platz
für 24 Mini-Muffins

FÜR DEN TEIG

150 g Mehl, mehr zum Verarbeiten
50 g Speisestärke
50 g Mandeln, gemahlen
60 g Zucker
1 Prise Salz
1 Ei
125 g kalte Butter in Stücken

FÜR DEN BELAG

250 ml Milch
½ Pck. Vanillepuddingpulver
3 EL Zucker
100 g Schmand
1 kleine Dose Aprikosen
Puderzucker zum Bestauben
(nach Belieben)

Für den Teig das Mehl, die Speisestärke, die Mandeln, den Zucker, das Salz und das Ei mit den Knethaken vermengen, dann die Butter untermischen. Zuletzt 2 EL sehr kaltes Wasser dazugeben und alles mit den Händen rasch zu einem glatten Teig verkneten. Den Mürbeteig zu einer Kugel formen und in Frischhaltefolie gewickelt für etwa 30 Minuten kalt stellen.

Die Mulden des Muffinblechs leicht fetten. Den Teig auf leicht bemehlter Arbeitsfläche 3–4 mm dick ausrollen und mit einem Blumenausstecher (etwa 5 cm Ø) 24 Blumen ausstechen. Die Blümchen in die Mulden legen und in Form bringen. Den Boden mehrmals mit einer Gabel einstechen. Das Blech für etwa 30 Minuten kühl stellen. Inzwischen den Backofen auf 175 °C Ober-/Unterhitze (oder 150 °C Umluft) vorheizen. Die Blümchen 15–17 Minuten backen, dann herausnehmen und abkühlen lassen.

Für den Belag von der Milch 4 EL abnehmen und das Puddingpulver damit anrühren. In einem Topf die restliche Milch aufkochen. Das angerührte Puddingpulver hinzufügen und einrühren. Den Zucker unter Rühren einrieseln lassen und weiter rühren, bis die Masse eindickt. Vom Herd nehmen und mit dem Schmand glatt rühren. Je etwa 1 EL Pudding in eine Blume geben. Die Aprikosen abtropfen lassen und jedes Blümchen mit einer Aprikosenhälfte dekorieren. Nach Belieben mit einem Hauch Puderzucker bestauben.

TIPP: *Statt Pudding kann man auch Lemon Curd (siehe Seite 65) verwenden und statt Aprikosen z.B. rote Grütze oder Erdbeeren. Die fertig gebackenen Blümchen lassen sich ohne Belag bis zu 1 Monat einfrieren.*

Fruchtige Erdbeer-Milchschnitten

Haben hungrige Schleckermäulchen nach dem Spielen mal wieder Appetit auf etwas Süßes? Da hätten wir doch etwas – feine Schnittchen voller Früchte, bei denen jeder gerne zweimal zugreift!

Zubereitungszeit: 25 Minuten
Backzeit: 10–12 Minuten
Kühlzeit: 2–3 Stunden
Für etwa 12 Stück

FÜR DEN SCHOKOBISKUIT
4 Eier
1 Prise Salz
90 g Zucker
1 Pck. Vanillezucker
60 g Mehl
40 g Speisestärke
1 TL Backpulver
3 gehäufte EL echtes Kakaopulver

FÜR DIE FÜLLUNG
120 g Erdbeeren, geputzt
5 Blatt Gelatine
200 ml Milch
35 g Speisestärke
60 g Honig
1 Pck. Vanillezucker
200 g gut gekühlte Schlagsahne
3 EL Milchpulver mit Erdbeergeschmack

AUSSERDEM
Puderzucker zum Bestauben

Den Backofen auf 180 °C Ober-/Unterhitze vorheizen. Ein Backblech mit Backpapier belegen und die Ecken mit etwas Butter auf dem Blech fixieren.

Für den Biskuit die Eier trennen. Das Eiweiß mit 2 EL kaltem Wasser und dem Salz steif schlagen. Den Zucker einrieseln lassen. Das Eigelb mit dem Vanillezucker mischen und unterrühren. In einer weiteren Schüssel das Mehl mit der Speisestärke, dem Backpulver und dem Kakao mischen. Über die Eiermasse sieben, dann vorsichtig unterheben. Den Teig gleichmäßig auf das Backblech streichen und im heißen Ofen 10–12 Minuten backen. Herausnehmen, auf ein Geschirrtuch stürzen (das Backpapier nicht entfernen) und gut auskühlen lassen.

Für die Füllung die Erdbeeren klein würfeln. Die Gelatine in kaltem Wasser einweichen. In einem Topf die Milch, die Speisestärke, den Honig und den Vanillezucker unter Rühren erhitzen, bis die Masse eindickt. Sofort vom Herd nehmen und unter ständigem Rühren erkalten lassen. Die Gelatine ausdrücken und bei niedriger Temperatur auflösen. Etwa 3 EL der Milchcreme hinzufügen und klümpchenfrei unterrühren, anschließend die Mischung zur restlichen Milchcreme geben und glatt rühren. Die Sahne steif schlagen, dann das Erdbeermilchpulver dazugeben. Vorsichtig unter die Creme heben. Die Erdbeeren untermischen. Die Creme für etwa 40 Minuten kühl stellen.

Das Backpapier vom Biskuit ziehen und den Boden halbieren. Die Creme auf einer Hälfte verteilen. Die andere Teighälfte darauf legen, andrücken und den Kuchen für mindestens 2 Stunden kühl stellen. Danach in Schnitten schneiden. Eine kleine Herz-Schablone auf die Schnitten legen, Puderzucker darüber stauben und die Schablone wieder abnehmen.

Especially
for you

Biskuitrolle mit Erdbeeren

Der zarte Biskuit im wunderhübschen Erdbeerrock lässt jedes Mädchenherz höher schlagen! Doch wenn man die Technik einmal raus hat, lassen sich auch für Jungs mit wenigen Handgriffen Tiere, Drachen oder Autos auf die wunderbaren Rollen zaubern.

Zubereitungszeit: 1 Stunde
Backzeit: 13–16 Minuten
Kühlzeit: 4 Stunden
Für 1 Rolle
bzw. etwa 12 Scheiben

FÜR DEN BISKUIT

6 Eier
110 g Zucker, plus 4 EL
zum Verarbeiten
1 Prise Salz
200 g Mehl
grüne und rote Lebensmittelfarbe
(Paste; siehe Seite 177)

FÜR DIE FÜLLUNG

120 g Erdbeeren, geputzt
400 g Magerquark
90 g Zucker
1 Pck. Vanillezucker
1 EL Zitronensaft
2 EL Erdbeerkonfitüre
250 g gut gekühlte Schlagsahne
2 Pck. Sahnefestiger

Ein Backblech mit Backpapier belegen. Den Backofen auf 180 °C Ober-/Unterhitze vorheizen (keine Umluft!).

Für den Biskuit die Eier trennen. Das Eiweiß mit 3 EL kaltem Wasser sehr steif schlagen, dabei den Zucker und das Salz einrieseln lassen. Das Eigelb nach und nach unterrühren. Das Mehl darüber sieben und locker einrühren.

Nun das Erdbeermuster machen. Dafür eine kleine Menge Teig abnehmen und mithilfe eines Zahnstochers in gleichmäßigen Abständen dort Punkte auf das Backpapier setzen, wo später das Muster sein soll; die Punkte sollen die gelbgrünen Körner auf den Erdbeeren darstellen. Diese 1–2 Minuten backen, dann das Blech herausnehmen. Etwas Teig grün einfärben und oberhalb der Punkte einen Erdbeer-Stielansatz spritzen. Erneut 1–2 Minuten anbacken. Nun etwas mehr Teig rot einfärben und mithilfe einer Flasche mit kleiner, runder Spritztülle Erdbeeren auf die weißen Punkte aufspritzen. Wieder 1–2 Minuten anbacken. Erst jetzt den restlichen Biskuitteig darauf geben, glatt streichen und in etwa 10 Minuten ganz hell backen.

Etwa 4 EL Zucker auf ein sauberes Geschirrtuch streuen. Den Biskuit vorsichtig darauf stürzen. Sofort das Backpapier anfeuchten (vor allem bei den Erdbeeren) und abziehen. Den Biskuit wenden, sodass sich die Erdbeeren unten befinden, dann mithilfe des Küchentuches von der Längsseite her aufrollen und auskühlen lassen.

Für die Füllung die Erdbeeren klein würfeln. Den Quark mit dem Zucker, dem Vanillezucker, dem Zitronensaft und der Erdbeerkonfitüre verrühren. Die Sahne steif schlagen, dabei den Sahnefestiger einrieseln lassen. Vorsichtig unter den Quark heben. Die Erdbeeren untermischen.

Den Biskuit vorsichtig entrollen, auf ein großes Stück Frischhaltefolie legen und die Füllung darauf verteilen. Dabei rundum einen etwa 1,5 cm breiten Rand lassen. Den Teig mithilfe der Folie wieder von der Längsseite her aufrollen. Die Folie an den Seiten zusammendrehen. Für mindestens 4 Stunden kalt stellen.

Oreo-Stempelkekse

Seid ihr auch noch auf der Suche nach einem perfekten Rezept für Stempelkekse? Hier ist es, noch dazu in der köstlichen Oreo-Kombination Schoko / Vanille. Das A und O sind dabei die Kühlzeiten. Sie verhindern, dass der Teig aufgeht und dadurch das eingestempelte Muster verschwindet.

Zubereitungszeit: 1 Stunde
Kühlzeit: 1 Stunde 30 Minuten
Backzeit: 5–7 Minuten
Für etwa 25 Stück (Doppelkekse)

FÜR DEN TEIG

120 g weiche Butter
110 g Zucker
1 Pck. Vanillezucker
1 Prise Salz
1 Ei
200 g Mehl, mehr zum Verarbeiten
50 g echtes Kakaopulver

FÜR DIE FÜLLUNG

110 g weiche Butter
220 g Puderzucker
½–1 TL Vanilleextrakt
¼ TL Salz

Für den Teig die Butter mit dem Zucker, dem Vanillezucker und dem Salz schaumig rühren, dann das Ei dazugeben. Das Mehl mit dem Kakao mischen, zur Buttermasse geben und alles rasch verkneten (nicht zu lange kneten, sonst wird der Teig später spröde und trocken). Den Teig zu einer Kugel formen und in Frischhaltefolie gewickelt für etwa 1 Stunde (oder über Nacht) im Kühlschrank ruhen lassen.

Den Teig auf einer mit Mehl bestaubten Arbeitsfläche 3–4 mm dick ausrollen. Einen Keksstempel vor Gebrauch kurz in etwas Mehl drücken, damit der Teig nicht daran kleben bleibt, dann den Teig damit bestempeln. Anschließend mit einem kleinen Glas etwa 50 Kekse ausstechen. Auf ein mit Backpapier belegtes Backblech legen und für mindestens 30 Minuten in den Kühlschrank oder, besser noch, in das Tiefkühlgerät geben.

Inzwischen den Backofen auf 165 °C Umluft vorheizen. Die gekühlten Kekse 5–7 Minuten backen, dann sofort vom Blech gleiten und auskühlen lassen.

Für die Füllung die Butter in eine Schüssel geben. Nach und nach die übrigen Zutaten hinzufügen und alles etwa 5 Minuten weißlich aufschlagen. Die Masse mithilfe eines Löffels oder Spritzbeutels auf die Hälfte der Kekse auftragen und mit den restlichen Keksen bedecken.

TIPP: *Für einen weihnachtlichen Touch eine rot-weiße Zuckerstange zerkleinern und die Stückchen nach dem Zusammensetzen der Kekse von außen in die Creme drücken. Das sieht hübsch aus und schmeckt wunderbar.*

Mandelbärchen

In den Arm genommen zu werden ist immer gut, ob bei einer kleinen Erkältung, bei Kummer oder einfach mal so. Kommt noch Zuwendung in so süßer Teddyform dazu, geht es den Kleinen bestimmt gleich besser.

Zubereitungszeit: 30 Minuten
Kühlzeit: 1 Stunde
Backzeit: 8–10 Minuten
Für etwa 30 Stück

FÜR DEN TEIG
80 g kalte Butter
100 g Mandeln, gemahlen
50 g Speisestärke
50 g Mehl, mehr zum Verarbeiten
60 g Zucker
1 Eigelb (M)

AUSSERDEM
1 Tüte ganze Mandeln mit Haut

Die Butter in kleine Stücke schneiden und in eine Schüssel geben. Die übrigen Zutaten hinzufügen und alles kurz durchkneten, bis sich die Zutaten verbunden haben. (Nicht zu lange kneten, sonst wird der Teig später spröde!) Den Teig zu einer Kugel formen und in Frischhaltefolie gewickelt für etwa 1 Stunde in den Kühlschrank stellen.

Ein Backblech mit Backpapier belegen, dabei die Ecken mit etwas Butter auf dem Blech fixieren. Den Backofen auf 165 °C Umluft vorheizen.

Den Teig auf leicht bemehlter Arbeitsfläche gleichmäßig 2–3 mm dick ausrollen und mit einer Bärchenform etwa 30 kleine Bärchen ausstechen. Auf das vorbereitete Backblech legen und je eine Mandel auf den Bauch geben. Die Arme des Bärchens um die Mandel legen und mit einem Schaschlikspieß Augen und Mund einstechen. Die Kekse im heißen Ofen auf mittlerer Schiene 8–10 Minuten backen. Herausnehmen und sofort vom Backblech gleiten lassen.

TIPP: *Die Kekse halten sich in einer Blechdose bis zu 1 Woche und hübsch verpackt bringen sie auch als kleines Geschenk große Freude.*

Nutella-Cupcakes mit Krokodilfiguren

Der Hit auf jedem Kindergeburtstag sind diese knuffigen Krokodil-Cupcakes. Man kann die Figur ganz einfach selber machen und sie dem jeweiligen Thema der Feier anpassen. Ob Krokodil, Auto oder Bienchen, alles geht, was gefällt und gewünscht wird.

Zubereitungszeit: 2 Stunden
Backzeit: 20–23 Minuten
Für 1 Muffinblech mit Platz
für 9 Muffins

FÜR DEN TEIG
100 ml Öl
110 g Zucker
1 Pck. Vanillezucker
1 Prise Salz
2 Eier
70 ml Milch
175 g Mehl
1 gestr. EL Backpulver

FÜR DIE CREME
120 g weiche Butter
100 g Puderzucker
4–5 EL Nutella

ZUM DEKORIEREN
Zuckerperlen

Den Backofen auf 190 °C Ober-/Unterhitze vorheizen. Das Muffinblech mit Papierförmchen bestücken.

Für den Teig das Öl mit dem Zucker, dem Vanillezucker und dem Salz schaumig schlagen. Erst die Eier unterrühren, dann die Milch. In einer weiteren Schüssel das Mehl mit dem Backpulver mischen und mit wenigen Bewegungen unter die Eiermasse ziehen. Die Förmchen zu drei Viertel mit dem Teig befüllen und im heißen Ofen 20–23 Minuten backen. Die Muffins 5 Minuten im Muffinblech bei leicht geöffneter Tür abkühlen lassen, dann herausnehmen und auf einem Kuchengitter vollständig erkalten lassen.

Für die Creme alle Zutaten schaumig aufschlagen. Mithilfe eines mit einer Sterntülle versehenen Spritzbeutels je einen Tuff auf die Muffins spritzen. Mit Zuckerperlen verzieren und je eine Figur (siehe unten) aufsetzen.

DIE FIGUREN: *Man kann die Figuren frei modellieren, aber einfacher und schneller geht es mit einer selbst gefertigten Silikonform. Dafür braucht man nur lebensmittelechte 2-Komponenten-Silikon-Abdruckmasse (im Internet erhältlich). Die beiden Flüssigkeiten in gleichem Verhältnis abmessen und etwa 1 EL davon in einen sauberen Joghurtbecher gießen. Die gewünschte Figur (z.B. Figuren aus Kinderüberraschungseiern, sie haben die perfekte Größe für einen Cupcake) kopfüber hineinstellen, mit Silikon aufgießen und 2–3 Stunden trocknen lassen (siehe Bild). Anschließend die Masse aus dem Becher nehmen und die Figur herausziehen. Das Innere der Silikonform mit einem Hauch Speisestärke auspudern. Etwas Modellierfondant (siehe Seite 168) in der Wunschfarbe einfärben und hineindrücken. Etwa 5 Minuten ins Tiefkühlfach geben, dann vorsichtig herausnehmen. Nach Belieben wie hier Augen aus Zuckerperlen einsetzen.*

Baiser-Lollies

Locker luftiger Eischnee, von der Spritztülle gezähmt und
in feine Wellen gelegt – so entstehen Mädchenträume. Das Baiser lässt
sich mit Pastenfarben beliebig einfärben.

Zubereitungszeit: 25 Minuten
Backzeit: 1 Stunde
Für 6 Lollies mit etwa 5 cm Ø

2 Eiweiß
1 Prise Salz
110 g Zucker
etwa 1 TL Zitronensaft
Lebensmittelfarbe
(Paste, siehe Seite 177;
Farbe nach Belieben)
bunte Zuckerstreusel
(oder Zuckerperlen, -herzen)

Den Backofen auf 100 °C Ober-/Unterhitze (oder 75 °C Umluft) vorheizen. Ein Backblech mit Backpapier belegen und die Ecken mit etwas Butter auf dem Blech fixieren.

In einem trockenen und fettfreien Rührgefäß das Eiweiß mit dem Salz sehr steif schlagen. Nach und nach den Zucker einrieseln lassen und so lange weiterschlagen, bis er sich vollständig gelöst hat und eine glänzende Masse entstanden ist. Zum Schluss den Zitronensaft und nach Belieben Lebensmittelfarbe dazugeben.

Die Masse in einen mit einer Sterntülle versehenen Spritzbeutel geben und sechs ausgefüllte Kreise oder Herzen (etwa 5 cm Ø) auf das Backpapier spritzen; dabei von innen nach außen arbeiten. Mit den Zuckerstreuseln dekorieren und je ein Cakepop-Stäbchen (oder ein Schaschlikstäbchen) vorsichtig an einer Seite hineinstecken. Die Lollies etwa 1 Stunde im heißen Ofen trocknen lassen. Anschließend im ausgeschalteten Ofen bei spaltbreit geöffneter Ofentür etwa 1 Stunde auskühlen und weiter trocknen lassen.

TIPP: *Wer mag, kann die Lollies noch feengleich mit essbarem Glitter bestauben. Dieser
ist in Tortendeko-Shops im Internet erhältlich. In kleine Plastiktüten verpackt und mit einem Geschenk-
bändchen versehen sind die Lollies ein hübsches Mitbringsel.*

Apple Pies

Apfeltaschen, mit einer saftigen Füllung unter knusprigem Teig und mit einem Hauch Zucker bestreut – ideal für kleine Kinderhände oder für unterwegs.

Zubereitungszeit: 30 Minuten
Kühlzeit: 1 Stunde
Backzeit: 15–20 Minuten
Für 8 Stück

FÜR DEN TEIG
280 g Mehl, mehr zum Verarbeiten
180 g kalte Butter in Stücken
80 g Zucker
1 Prise Salz

FÜR DIE FÜLLUNG
1 mittelgroßer Apfel
1 EL Zucker
1 Spritzer Zitronensaft
1 Prise Zimt (nach Belieben)
1 EL Rosinen (nach Belieben)

ZUM BESTREICHEN
UND BESTREUEN
1 Eigelb
1 EL Sahne
etwas Zimtzucker

Für den Teig alle Zutaten rasch mit den Händen zu einem glatten Teig verkneten. Zu einer Kugel formen und in Frischhaltefolie gewickelt für 1 Stunde im Kühlschrank ruhen lassen, damit der Teig mürbe wird.

Den Backofen auf 160 °C Umluft vorheizen und ein Backblech mit Backpapier belegen. Für die Füllung den Apfel waschen, schälen und entkernen, dann in kleine Stücke schneiden. Mit dem Zucker bestreuen und mit dem Zitronensaft beträufeln. Nach Belieben etwas Zimt und/oder Rosinen hinzufügen.

Den Teig auf einer leicht bemehlten Arbeitsfläche 3 mm dick ausrollen. Mithilfe der vorbereiteten Pappschablone (siehe Seite 181) 16 Apfelformen ausschneiden. Diese auf das vorbereitete Backblech legen. Die Apfelfüllung auf der Hälfte der Teigformen verteilen, dabei einen Rand lassen, und mit den anderen Teigstücken bedecken. Den Teigrand zuerst mit den Fingern, dann mit einer Gabel zusammendrücken.

Das Eigelb mit der Sahne verrühren, die Apfeltaschen damit dünn bestreichen und mit etwas Zimtzucker bestreuen. Nach Belieben halbierte Schaschlickstäbchen in die Apfeltaschen stecken, sodass sie später wie ein Lolli gehalten werden können. Im heißen Ofen auf unterster Schiene in 15–20 Minuten goldbraun backen und am besten lauwarm servieren.

TIPP: *Statt der Apfelform kann man natürlich jede beliebige Form wählen und die Füllungen variieren (z.B. Marmelade, Schokolade, Nüsse, süßer Quark). Bei Zeitmangel kann man auch auf fertigen Mürbeteig aus dem Kühlregal zurückgreifen.*

handmade

Swirl-Cookies

Wie hypnotische Wunderräder auf bunten Jahrmärkten schillern diese tollen
Kekse vor unseren Augen und versetzen uns in ein Traumland
aus Zucker. Die Farben der Kekse lassen sich natürlich beliebig variieren.

Zubereitungszeit: 25 Minuten
Kühlzeit: 1 Stunde
Backzeit: 7 Minuten
Für etwa 20 Stück

FÜR DEN TEIG
120 g weiche Butter
100 g Zucker
1 Pck. Vanillezucker
1 Prise Salz
1 Ei
200 g Mehl, mehr zum
Verarbeiten
Lebensmittelfarbe
(Paste, siehe Seite 177;
Farbe nach Belieben)

AUSSERDEM
bunte Zuckerstreusel

Die Butter mit dem Zucker, dem Vanillezucker und dem Salz
schaumig rühren, dann das Ei dazugeben. Nach und nach das
Mehl darüber sieben und alles rasch zu einem glatten Teig
verarbeiten (nicht zu lange bearbeiten, sonst wird der Teig später
spröde und trocken). Die Hälfte des Teiges in der Lieblingsfarbe
(hier „Red-Red") einfärben, dann zu einer Kugel formen und in
Frischhaltefolie wickeln. Die ungefärbte Teigportion ebenfalls zu
einer Kugel formen und in Frischhaltefolie wickeln. Beide Kugeln
für etwa 30 Minuten in den Kühlschrank legen.

Den Backofen auf 165 °C Umluft vorheizen. Ein Backblech mit
Backpapier belegen und die Ecken mit etwas Butter auf dem
Blech fixieren.

Die beiden Teige separat auf einer mit Mehl bestaubten
Arbeitsfläche jeweils zu einem Rechteck gleicher Größe ausrollen. Die Rechtecke übereinander legen. Die Kanten etwas
begradigen und überschüssigen Teig abschneiden. Beide Teigplatten zusammen von der Längsseite her aufrollen. Die Rolle in
bunten Zuckerstreuseln wälzen und nochmals für 30 Minuten
kühl stellen. Herausnehmen und in etwa 7 mm dicke Scheiben
schneiden. Diese mit etwas Abstand zueinander auf das Backblech
legen und etwa 7 Minuten backen. Herausnehmen, bevor die
Ränder braun werden (die Kekse sollen ganz hell sein!), dann
sofort vom heißen Blech gleiten und auskühlen lassen.

TIPP: *Sehr hübsch sehen die Kekse auch aus, wenn man mehrere verschiedenfarbige Teigrechtecke
aufrollt. In Metalldosen verpackt halten sich die Cookies mindestens 2 Wochen.*

keine *Kekse* ist auch keine **LÖSUNG**

Funfetti-Eistorte

Diese wunderbare Eistorte versüßt uns den Sommer. In ihrer schönsten Form, getoppt von einer knackigen Waffel, lässt sie uns nur so dahinschmelzen.

Zubereitungszeit:
1 Stunde 30 Minuten
Kühlzeit: 8 Stunden 30 Minuten
Für 1 Tortenplatte mit 20 cm Ø

FÜR DEN BODEN

1 Pck. Waffeltüten (etwa 140 g)
100 g Zartbitterschokolade
(oder Kuvertüre)
1 EL Kokosfett
etwas flüssige Butter für
die Tortenplatte

FÜR DAS EIS

etwa 350 g rote Früchte
(z.B. Erdbeeren, Himbeeren)
1 EL Zitronensaft
130 g Zucker
5 Eigelb
1 Pck. Vanillezucker
600 g gut gekühlte Schlagsahne
etwa 80 g Baiser

FÜR DIE DEKO

100 g Zartbitterschokolade
½ TL Kokosfett
bunte Zuckerstreusel
200 g Mascarpone (oder Frischkäse)
60 g Zucker
1 EL Zitronensaft
2 EL Erdbeerkonfitüre (oder Gelee)
rosafarbene Lebensmittelfarbe (Paste,
siehe Seite 177; nach Belieben)
200 g gut gekühlte Schlagsahne
1 Kugel Eis nach Wahl

Für den Boden die Waffeln in einen Gefrierbeutel geben (eine Waffel zum Dekorieren beiseitelegen) und mit der Teigrolle zu groben Krümeln verarbeiten. Die Schokolade in grobe Stücke brechen und mit dem Kokosfett über dem heißen Wasserbad schmelzen. Etwas abkühlen lassen, dann die Waffelbrösel untermischen. Die Tortenplatte leicht fetten und mit einem Tortenring umstellen. Die Masse hineingeben und mit dem Löffelrücken zu einem Boden drücken. Für mindestens 30 Minuten kalt stellen.

Für das Eis die Früchte waschen und mit dem Zitronensaft und 60 g Zucker fein pürieren (oder in kleine Stücke schneiden). Das Eigelb mit den 70 g Zucker und dem Vanillezucker über dem heißen Wasserbad etwa 5 Minuten cremig aufschlagen, dann im kalten Wasserbad unter Rühren abkühlen lassen. Das Fruchtpüree unterziehen. Die Sahne steif schlagen und portionsweise unter die Eigelbcreme heben. Das Baiser in einen Gefrierbeutel geben und nur grob zerbröseln, dann vorsichtig untermischen. Die Parfaitmasse auf dem Boden verteilen und die Torte für mindestens 8 Stunden, besser über Nacht, ins Gefrierfach stellen.

Für die Deko die Schokolade mit dem Kokosfett über dem Wasserbad schmelzen. Den Rand der beiseitegelegten Eiswaffel kurz eintauchen, dann in Zuckerstreusel tauchen und im Kühlschrank trocknen lassen.

Den Mascarpone mit dem Zucker, dem Zitronensaft und der Konfitüre glatt rühren und nach Belieben rosa einfärben. Die Sahne steif schlagen und unterheben. Die Torte aus dem Gefrierfach nehmen und rundum mit der Creme bestreichen (genaue Anleitung siehe Seite 170/171).

Die restliche geschmolzene Schokolade darüber träufeln und mit Zuckerstreuseln bestreuen. Die Waffel mit dem Eis befüllen und auf die Torte stürzen. Sofort servieren.

Füchschen-Kekse

Meister Reineke gefällt Mädchen wie Jungs! In Geschenkfolie verpackt sind die Kekse zudem das perfekte Mitnahmegeschenk nach einer Geburtstagsparty.

Dekorationszeit: 1 Stunde
Für etwa 20 Kekse in Fuchsform ausgestochen und gebacken (Basisrezept siehe Seite 160)

etwa 200 g Fondant
(siehe Seite 168)
braune, rosafarbene und hellblaue Lebensmittelfarbe
(Paste; siehe Seite 177)
Zuckerkleber (siehe Seite 178)
schwarze Zuckerperlen (4 mm Ø)
neutrales Speiseöl
(nach Belieben)

Einen Großteil des Fondants braun einfärben und etwa 2 mm dick ausrollen. Je nach Anzahl der vorhandenen Kekse mit dem Fuchs-Ausstecher entsprechend viele Füchse ausstechen.

Die Teile, die weiß werden sollen, also Augen und Schwanzspitze, mit dem Blade Tool herausschneiden. Die Oberfläche der Kekse dünn mit Zuckerkleber oder Wasser bestreichen und den ausgestochenen braunen Fondant passgenau aufsetzen.

Etwas weißen Fondant etwa 2 mm dick ausrollen und mithilfe des Fuchs-Ausstechers Augen und Schwanzspitzen in benötigter Anzahl ausstechen und auf den Keksen festkleben. Dabei auf saubere Übergänge zum braunen Fondant achten.

Aus rosa eingefärbtem und ausgerolltem Fondant kleine Herzen ausstechen und als Nase festkleben.

Aus hellblau eingefärbtem und ausgerolltem Fondant kleine Kreise als Augen ausstechen und aufkleben. Einen Zahnstocher in etwas Zuckerkleber tauchen und damit innerhalb der blauen Kreise je eine Vertiefung für die Zuckerperlen vorprägen und diese zugleich mit etwas Kleber bestreichen. Je eine Zuckerperle einsetzen und mit dem Daumen hineindrücken.

Nach Belieben mit einem Zahnstocher kleine Vertiefungen in das braune „Fell" prägen, um eine schöne Struktur zu erzielen.

Aus etwas weißem, ausgerolltem Fondant kleine Herzen ausstechen und verkehrt herum als Ohren aufkleben.

Nach Belieben die Kekse zum Schluss mit etwas Speiseöl hauchdünn bestreichen, um einen feinen Glanz zu erzielen.

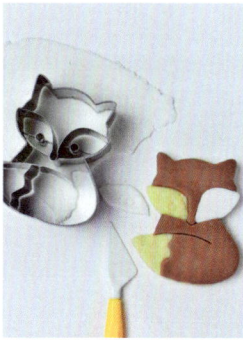

Erdbeer-Fondant-Cookies

Saftig-rote Früchtchen in Keksform machen Appetit und Spaß und sind die perfekte Ergänzung zum Erdbeer-Piñata-Cake auf einem Sweet-Table.

Dekorationszeit: 1 Stunde
Für etwa 25 Kekse
in Erdbeerform ausgestochen
und gebacken (Basisrezept
siehe Seite 160)

etwa 250 g Fondant
(siehe Seite 168)
rote Lebensmittelfarbe
(Paste, z.B. „Red-Red"; siehe
Seite 177)
Zuckerkleber (siehe Seite 178)
grüne Lebensmittelfarbe
(Paste, z.B. „Kelly Green";
siehe Seite 177)
gelbe Lebensmittelfarbe
(Paste, z.B. „Golden Yellow";
siehe Seite 177)
neutrales Speiseöl
(nach Belieben)

Einen Großteil des Fondants rot einfärben und etwa 2 mm dick ausrollen. Je nach Anzahl der vorhandenen Kekse mit dem Erdbeer-Ausstecher entsprechend viele „Erdbeeren" ausstechen.

Mit dem Blade Tool die Stielansätze gerade abschneiden.

Die Oberfläche der Kekse dünn mit Zuckerkleber oder Wasser bestreichen und den ausgestochenen roten Fondant passgenau aufsetzen. Mithilfe eines Zahnstochers oder Tools Vertiefungen einprägen; sie sollen die kleinen Samen darstellen.

Etwas Fondant grün einfärben und etwa 2 mm dick ausrollen. Mit dem Erdbeer-Ausstecher nur den oberen Stielansatz ausstechen, mit dem Blade Tool begradigen und so auf den Keks aufkleben, dass er an den roten Fondant bündig anschließt.

Frei Hand aus einem Teil des übrig gebliebenen grünen Fondants Blättchen ausschneiden und auf den Stielansatz kleben. Mit dem Blade Tool oder einem Zahnstocher „Blattadern" in den grünen Fondant prägen. Aus dem restlichen grünen Fondant dünne Rollen formen und als Ranke auf dem Stielansatz festkleben.

Aus weißem, ausgerolltem Fondant mit einem sehr kleinen Blüten-Ausstecher Blüten ausstechen, auf den Keks kleben und rund um die Mitte mit dem Zahnstocher kleine Vertiefungen einprägen, damit die Blüte natürlicher aussieht.

Einen kleinen Teil Fondant gelb einfärben, zu winzigen Kugeln formen und diese jeweils in der Blütenmitte fixieren.

Nach Belieben die Kekse zum Schluss mit etwas Speiseöl hauchdünn bestreichen, um einen feinen Glanz zu erzielen.

Erdbeer-Piñata-Cake

„Piñatas" – bunte Pappmachéfiguren – sind vor allem in Mexiko zur Weihnachtszeit und in Spanien zu Ostern verbreitet. Doch ihren größten Auftritt haben sie bei Kindergeburtstagen, wo sie, an einem Seil hängend, von den kleinen Gästen mit verbundenen Augen mit einem Stock zerschlagen werden, bis sie zerbrechen und es Überraschungen regnet. Diese wunderbare Torte ist den Piñatas nachempfunden. Sie lässt sich beliebig füllen, ob traditionell mit frischen Früchten oder mit Süßigkeiten wie Smarties, und gibt ihre süße Überraschung erst beim Anschneiden preis.

Zubereitungszeit: 2 Stunden
Backzeit: 45–50 Minuten
Für 2 Springformen mit 18 cm Ø

FÜR DEN TEIG

180 g weiche Butter
120 g Zucker
1 Pck. Vanillezucker
4 Eier
1 Prise Salz
abgeriebene Schale von
½ unbehandelten Zitrone
200 g Mehl
2 EL Backpulver

FÜR DIE CREME

250 g sehr weiche Butter
180 g Puderzucker
6 EL Lemon Curd (siehe Tipp)

FÜR DIE FÜLLUNG

frische Früchte (z.B. Erdbeeren,
Himbeeren, Heidelbeeren)

ZUM DEKORIEREN

etwa 1 kg Fondant (siehe
Seite 168)
rote und grüne Lebensmittelfarbe
(Paste; siehe Seite 177)
Zuckerkleber (siehe Seite 178)

Den Backofen auf 175 °C Ober-/Unterhitze (oder 150 °C Umluft) vorheizen. Den Boden der Springformen mit Backpapier belegen. Die Butter mit dem Zucker und dem Vanillezucker schaumig schlagen. Nach und nach die Eier, das Salz und die Zitronenschale unterrühren. Das Mehl mit dem Backpulver mischen, dann unter die Buttermasse heben.

Den Teig in die Backformen verteilen und nebeneinander etwa 25 Minuten backen (oder nacheinander in einer Form backen) (Abb. 1). Herausnehmen und abkühlen lassen. Beide Kuchen waagerecht durchschneiden, sodass insgesamt vier Böden entstehen.

Für die Creme die Butter mit dem Puderzucker etwa 10 Minuten weißlich-schaumig aufschlagen, dann das Lemon Curd unterrühren. Für 5–10 Minuten kühl stellen.

Mithilfe einer Herz-Schablone (siehe Seite 181) die vier Kuchenböden zu großen Herzen schneiden. Aus zwei Herzen ein kleineres Herz ausschneiden, sodass ein etwa 2 cm breiter „Herzrand" übrig bleibt (Abb. 2). Einen vollständigen Herzboden mit etwas Creme bestreichen. Nun abwechselnd die beiden „Herzränder" und Creme darauf schichten. Den dabei entstehenden Hohlraum mit den Früchten füllen (Abb. 3). Mit einem vollständigen Herzboden abschließen. Mit einem großen Messer die oberen Ränder des Kuchens etwas abrunden, um die typische Erdbeerform zu erhalten (Abb. 4).

❶

❷

❸

❹

Die Torte kann je nach Geschmack gefüllt werden - Beeren, Smarties, Gummibärchen .

Die restliche Buttercreme rund um die Torte verteilen (Abb. 5). Den Fondant bis auf einen kleinen Rest rot einfärben und so groß ausrollen, dass die Torte damit überzogen werden kann. Mithilfe der Teigrolle über die Torte legen und die Ränder glatt streichen. Überstehenden Fondant abschneiden. Mit einem Zahnstocher die „Erdbeer-Nüsschen" (die gelbgrünen Körner auf den Erdbeeren heißen botanisch korrekt „Nüsschen") einprägen oder mit einem schwarzen Lebensmittelstift aufzeichnen (Abb. 6).

Den restlichen Fondant grün einfärben und ausrollen. Blätter ausschneiden und mit dem Messerrücken Blattadern einprägen. Mit etwas Wasser oder Zuckerkleber auf der Torte fixieren (Abb. 7).

TIPP: *Lemon Curd ist eine Zitronencreme, die in gut sortierten Geschäften im Regal bei den Marmeladen zu finden ist. Alternativ kann man abgeriebene Zitronenschale oder Erdbeerkonfitüre verwenden.*

Winter-wonderland

Wenn die Tage kürzer werden und es drinnen kuschelig wird, ist es Zeit für süße Verwöhnmomente – für mich und alle meine Lieben.

Schoko-Brownie-Mug-Cake

Das perfekte After-work-Rezept für alle Naschkatzen: direkt in der Tasse gerührt, in die Mikrowelle gestellt und im Handumdrehen fertig. Ein paar Löffel warmes Glück!

Zubereitungszeit: 5 Minuten
Backzeit: 2 Minuten
Für 1 Tasse (etwa 250 ml Inhalt)

1 Ei
50 ml Milch
3 EL neutrales Öl, mehr
für die Tasse
40 g Zucker
½ Pck. Vanillezucker
1 Prise Salz
45 g Mehl
15 g echtes Kakaopulver
½ TL Backpulver
etwa 20 g Schokotropfen

Die Tasse leicht fetten. Das Ei mit der Milch und dem Öl verrühren. Den Zucker, den Vanillezucker und das Salz dazugeben. Die trockenen Zutaten – Mehl, Kakao und Backpulver – unterheben, die Schokotropfen hinzufügen. Den Teig glatt rühren. Die Tasse auf eine Untertasse stellen (da der Kuchen eventuell überläuft) und den Brownie etwa 2 Minuten in der Mikrowelle bei 800 Watt garen, dann etwas abkühlen lassen. (Vorsicht, Verbrennungsgefahr: Da auch die Tasse sehr heiß wird, beim Herausnehmen unbedingt einen Topflappen verwenden!)

TIPPS: *Der Kuchen schmeckt lauwarm gelöffelt am besten und lässt sich ganz beliebig toppen! Eis, Sahne, Früchte oder Saucen – alles geht, was schmeckt! Und auch der Teig kann nach Belieben verfeinert werden, etwa mit Kirschen, Nüssen, 1 TL Instant-Kaffeepulver oder 1 EL Baileys. Alternativ kann man den Kuchen auch in Tassen oder gesäuberten Konservendosen auf dem Rost im vorgeheizten Backofen (165 °C Umluft, 15 Minuten) backen. Der Kern sollte noch weich und saftig sein.*

Bread and Butter Pudding

Eigentlich handelt es sich hier um ein traditionelles englisches Rezept, das der Resteverwertung dient, aber es hat das Zeug zu einem Lieblingsgericht!

Zubereitungszeit: 15 Minuten
Backzeit: etwa 40 Minuten
Für 1 Auflaufform
mit 24 x 30 cm

FÜR DEN BROTTEIG

1 Weißbrot (etwa 750 g)
2 kleine Bananen
80 g Schokoladentropfen
60 g Pekannüsse
4 Eier
250 ml Milch
200 ml Sahne
110 g Zucker
1 Pck. Vanillezucker
1 Prise Salz

FÜR DEN GUSS

200 g Schmand
50 ml Sahne
4 EL brauner Zucker

AUSSERDEM

Butter oder Öl für die Form

Den Backofen auf 180 °C Ober-/Unterhitze vorheizen und die Auflaufform leicht fetten.

Für den Teig das Brot entrinden, in etwa zwölf Scheiben schneiden und jede Scheibe zweimal diagonal teilen, sodass je vier Dreiecke entstehen. Die Bananen in Scheiben schneiden. Zuerst die Brotstücke nebeneinander in die Form setzen, sodass die Spitzen der Dreiecke nach oben zeigen, dann Bananenscheiben dazwischen verteilen und die Schokoladentropfen sowie die Nüsse darüber streuen. In einer Rührschüssel die Eier mit der Milch, der Sahne, dem Zucker, dem Vanillezucker und dem Salz gut verquirlen. Die Sauce über das Brot gießen.

Die Form in eine größere, tiefere Form (oder ein tiefes Blech) setzen, die mit Wasser gefüllt ist. Den Auflauf mit Alufolie bedecken und 20–25 Minuten backen. Die Folie entfernen und weitere 15 Minuten backen.

In der Zwischenzeit für den Guss den Schmand mit der Sahne glatt rühren und über den Auflauf gießen. Mit dem Zucker bestreuen und unter dem Grill etwa 8 Minuten goldbraun backen.

....

TIPP: *Backt dieses Dessert auch einmal mit Brioche und verfeinert es mit Baileys oder einem anderem Likör. Auch die Nüsse und Bananen lassen sich beliebig austauschen; Äpfel passen z.B. wunderbar dazu.*

Heidelbeer-Festtagstorte

Wenn man seine Liebsten einmal richtig verwöhnen möchte, ist diese Mischung aus Früchten und dunkler Schokolade genau das Richtige.

Zubereitungszeit: 1 Stunde
Backzeit: 15 Minuten pro Biskuit
Ruhezeit: 40 Minuten
Kühlzeit: mindestens 4 Stunden
Für 1 runde Backform mit 18 cm Ø

FÜR DEN BISKUIT
4 Eier
1 Prise Salz
150 g Zucker
Mark von 1 Vanilleschote
125 g Mehl
1 TL Backpulver
80 g Mandeln, gemahlen

FÜR DIE FÜLLUNG
9 Blatt Gelatine
500 g Magerquark
3–4 EL Heidelbeerkonfitüre
abgeriebene Schale von
½ unbehandelten Zitrone
3 EL Zitronensaft
100 g Zucker
1 Pck. Vanillezucker
400 ml gut gekühlte Schlagsahne
200 g Heidelbeeren

ZUM DEKORIEREN
70 g dunkle Kuvertüre
3–5 Tropfen Speiseöl
350 g Mascarpone
180 g Puderzucker
Saft und abgeriebene Schale
von ½ unbehandelten Zitrone

Den Backofen auf 160 °C Umluft vorheizen. Die Backform mit Backpapier auslegen.

Für den Biskuit die Eier trennen. Das Eiweiß mit dem Salz und 3 EL kaltem Wasser sehr steif schlagen, dann langsam den Zucker einrieseln lassen. Das Eigelb und das Vanillemark unterrühren. Das Mehl mit dem Backpulver mischen und darüber sieben. Die Mandeln dazugeben und alles vorsichtig verrühren. Den Teig in drei Portionen teilen, nacheinander in die Form füllen und je etwa 15 Minuten backen. Herausnehmen und auskühlen lassen.

Für die Füllung die Gelatine in lauwarmem Wasser einweichen. Den Quark mit der Konfitüre, der Zitronenschale, dem Zitronensaft, dem Zucker und dem Vanillezucker verrühren. Die Gelatine bei niedriger Temperatur auflösen, ausdrücken, dann 3 EL der Quarkmasse untermischen. Diese Mischung unter die restliche Quarkmasse rühren. Die Sahne steif schlagen und zusammen mit 150 g Heidelbeeren vorsichtig unterheben. Die Masse für etwa 40 Minuten kühl stellen, bis sie anfängt zu gelieren.

Einen Tortenboden auf eine Tortenplatte setzen und mit einem Tortenring umschließen. Nun abwechselnd Quarkcreme und Böden darauf schichten. Mit einem Boden abschließen. Diesen beschweren und die Torte für mindestens 4 Stunden kühl stellen. Den Ring lösen.

Für die Dekoration die Kuvertüre mit dem Öl über dem nicht zu heißen Wasserbad schmelzen. Mit einem Pinsel hauchdünn auf eine Lage Backpapier streichen und dieses zusammenrollen, sodass sich die Schokolade innen befindet. Im Gefrierfach erstarren lassen. Die restlichen Zutaten verrühren und locker um die Torte streichen. Die Oberfläche mit den restlichen Heidelbeeren dekorieren. Das Backpapier entrollen, die Schokoladenspäne vorsichtig abheben und die Torte damit bestreuen.

Soft Amarettini

Der italienische Klassiker, aufgepeppt mit einem fruchtigen Kern –
da greift man gern auch öfter zu!

Zubereitungszeit: 25 Minuten
Kühlzeit: 1 Stunde
Backzeit: 12 Minuten
Für etwa 30 Stück

100 g Amarettini
200 g Mandeln, gemahlen
240 g Zucker
3 Eiweiß
1 EL flüssiger Honig
4 Tropfen Bittermandelaroma
80 g Puderzucker
50 g Sauerkirschkonfitüre

Die Amarettini in einen Gefrierbeutel geben, verschließen und mit der Teigrolle zermahlen. Die Mandeln mit dem Zucker, dem Eiweiß, dem Honig und dem Mandelaroma verkneten. Zum Schluss die Amarettinibrösel einarbeiten. Den Teig zu einer Kugel formen und in Frischhaltefolie gewickelt für 1 Stunde kalt stellen.

Den Backofen auf 175 °C Ober-/Unterhitze (oder 150 °C Umluft) vorheizen. Ein Backblech mit Backpapier belegen und mit den Händen aus dem Teig kirschgroße Kugeln formen. Diese in Puderzucker wälzen, dann mit etwas Abstand auf das Blech legen. (Eventuell nacheinander backen, wenn nicht alle Plätzchen auf das Blech passen.) Mit einem Kochlöffelstiel in die Mitte der Kugeln eine Mulde drücken. Die Konfitüre glatt rühren (nach Belieben durch ein Sieb streichen) und in einen Gefrierbeutel mit abgeschnittener Ecke oder in einen Spritzbeutel mit Lochtülle geben. In jede Kugelmulde einen Klecks Konfitüre spritzen.

Die Plätzchen im heißen Ofen etwa 12 Minuten backen, dann mitsamt dem Backpapier sofort vom Blech gleiten und abkühlen lassen. In Blechdosen aufbewahren.

Advents-Pie mit Heidelbeeren

Welch' verlockende Geheimnisse verstecken sich wohl unter diesem Sternenhimmel? In diesem Fall sind es Birnen, Heidelbeeren und aromatische Gewürze.

Zubereitungszeit: 40 Minuten
Kühlzeit: 30 Minuten
Backzeit: etwa 45 Minuten
Für 1 Tarteform mit 28 cm Ø

FÜR DEN TEIG
200 g Mehl
100 g Mandeln, gemahlen
140 g kalte Butter in Stücken,
mehr für die Form
1 Eigelb
1 große Prise Salz
1 EL Zucker

FÜR DIE FÜLLUNG
2 Birnen
400 g tiefgekühlte Heidelbeeren
(oder 700 g Sauerkirschen)
4 EL Speisestärke
180 g Zucker
1–2 Pck. Vanillezucker
1 TL gemahlener Zimt
1 Prise Kardamom
2 EL Grieß

AUSSERDEM
Puderzucker oder Zimtzucker
(nach Geschmack)
Schlagsahne oder Vanilleeis
(nach Belieben)

Für den Teig alle Zutaten sowie 5 EL kaltes Wasser auf die Arbeitsfläche geben und mit kühlen Händen rasch zu einem glatten Teig verkneten. Zu einer Kugel formen und in Frischhaltefolie gewickelt für mindestens 30 Minuten im Kühlschrank ruhen lassen.

In der Zwischenzeit die Füllung vorbereiten. Dazu die Birnen vierteln, entkernen und in kleine Würfel schneiden. Mit den aufgetauten Heidelbeeren (oder abgetropften Kirschen) in eine Schüssel geben und mit der Speisestärke bestauben. Die restlichen Zutaten und Gewürze bis auf den Grieß dazugeben und alles gut vermengen.

Den Backofen auf 200 °C Ober-/Unterhitze vorheizen. Die Tarteform leicht fetten. Den Teig in zwei Portionen teilen. Eine Portion zwischen zwei Lagen Frischhaltefolie kreisrund und etwas größer als die Form ausrollen. Die obere Folie abziehen und den Teig mithilfe der unteren Folie in die Backform stürzen. Die Folie entfernen. Mit den Fingern einen Rand andrücken. Den Boden mehrmals mit einer Gabel einstechen. Mit dem Grieß bestreuen. Die Füllung darauf verteilen. Die zweite Teigportion entweder zu einem Deckel ausrollen und aus diesem an einigen Stellen Sterne ausstechen oder so wie in der Abbildung den ganzen Teig zu Sternen formen und diese auf dem Kuchen verteilen.

Die Pie im heißen Ofen auf der unteren Schiene in etwa 45 Minuten goldbraun backen. Herausnehmen und mit Puderzucker oder Zimtzucker bestreuen. Lauwarm servieren und nach Belieben Schlagsahne oder Vanilleeis dazu reichen.

Vanillekipferl

Diese wunderbaren Plätzchen gehören zur Weihnachtszeit wie der frische Duft von Tannenzweigen und sie schmecken Groß und Klein.

Zubereitungszeit: 35 Minuten
Kühlzeit: 1 Stunde
Backzeit: 10–12 Minuten
Für etwa 30 Stück

FÜR DEN TEIG

110 g Mehl, mehr zum Verarbeiten
100 g kalte Butter
40 g Mandeln (ohne Haut), gemahlen
45 g Zucker
1 Eigelb (Gr. M)
2 Pck. Vanillezucker
1 Prise Salz

AUSSERDEM

etwa 50 g Puderzucker

Für den Teig alle Zutaten in einer Schüssel zuerst mit den Knethaken des Rührgeräts, dann mit den Händen rasch zu einem glatten Teig verkneten. Diesen zu einer Kugel formen und in Frischhaltefolie gewickelt für etwa 1 Stunde kalt stellen.

Den Backofen auf 175 °C Ober-/Unterhitze (oder 150 °C Umluft) vorheizen. Zwei Backbleche mit Backpapier belegen (oder auf einem Backblech nacheinander backen).

Den Teig nach der Ruhezeit auf einer leicht mit Mehl bestaubten Arbeitsfläche zu zwei Rollen à 1,5 cm Ø formen. Die Rollen in jeweils etwa 3 cm lange Stücke schneiden.

Die Teigstücke zu 5–6 cm langen Halbmonden formen und die Enden spitz zusammendrücken. Auf die Backbleche legen.

Die Vanillekipferl 10–12 Minuten backen, bis sie hellbraun sind. Den Puderzucker auf einen tiefen Teller sieben und die noch heißen Kipferl darin wenden. Anschließend auskühlen lassen und von oben noch einmal leicht bestauben.

TIPP: *Die Vanillekipferl können 2–3 Wochen in einer Keksdose aufbewahrt werden. Ihr feiner Vanille-geschmack lässt sich durch die Zugabe von echtem Vanillemark zum Teig noch intensivieren.*

Zuckersüße Lebkuchenhäuschen

Zur Weihnachtszeit gehören Lebkuchen einfach dazu, ob in Herzform mit lieben Grüßen versehen, als Lebkuchenmann, als Baumschmuck in Tannen- oder Sternform oder eben als Häuschen, bei dem auch die Kleinsten sicher fleißig mithelfen wollen. Das saftig-feine Traditionsgebäck kann nach Herzenslust verziert werden.

Zubereitungszeit:
1 Stunde 30 Minuten
Kühlzeit: 4 Stunden
Backzeit: 8–10 Minuten
Für etwa 8 Häuschen
(Vorlage siehe Seite 180)

FÜR DEN TEIG

350 g Mehl, mehr zum Verarbeiten
½ Pck. Backpulver
(oder Pottasche, siehe Tipp)
1 TL Lebkuchengewürz
120 g weiche Butter
90 g brauner Zucker
1 Pck. Vanillezucker
1 Prise Salz
1 Ei
90 g dunkler Zuckerrübensirup
(oder Honig)

AUSSERDEM

Royal Icing
(siehe Basisrezept Seite 162)
Zuckerperlen (nach Belieben)

Für den Teig alle Zutaten mischen und auf leicht bemehlter Arbeitsfläche mit kalten Händen kurz durchkneten. Den Teig zu einer Kugel formen und in Frischhaltefolie gewickelt für mindestens 3 Stunden im Kühlschrank ruhen lassen (je länger, desto besser!).

Den Backofen auf 180 °C Ober-/Unterhitze (oder 160 °C Umluft) vorheizen und zwei Backbleche mit Backpapier belegen. Den Teig auf leicht bemehlter Arbeitsfläche etwa 5 mm dick ausrollen. Für die Häuschen die Vorlage (siehe Seite 180) auf etwas Pappe übertragen, auf den Teig legen und mit einem Messer die Formen rundherum ausschneiden. Auf das Backblech legen und nochmals für 1 Stunde kalt stellen (so bleibt der Teig schön in Form). Anschließend 8–10 Minuten backen, danach sofort vom heißen Blech gleiten lassen.

Zuerst die Wände mit etwas Royal Icing zusammenkleben, dann das Dach aufsetzen und nach Belieben mit Zuckerperlen verzieren. (Für das Zusammenkleben die dickste Konsistenz verwenden, zum Verzieren eine etwas dünnere, dafür das Royal Icing mit 2–3 Tropfen Wasser verdünnen; siehe Seite 162.)

TIPP: *Beim Lebkuchenbacken wird als Triebmittel traditionell Pottasche verwendet. Je länger der Teig ruht, umso besser kann die Pottasche ihre lockernde Wirkung entfalten. Backpulver ist aber eine adäquate Alternative.*

Milchreistorte mit Zimtstern

Wenn es draußen stürmt und schneit, weckt Milchreis schöne Kindheitserinnerungen. Hübsch verpackt in einem Törtchen mit Zimtstern schmeckt er gleich doppelt so gut.

Zubereitungszeit: 1 Stunde
Kühlzeit: 4 Stunden
Für 1 Springform mit 18 cm Ø

FÜR DEN BODEN
100 g Zartbitterschokolade
40 g Butter
90 g Butterkekse

FÜR DIE FÜLLUNG
1 l Milch
140 g Milchreis
Mark von 1 Vanilleschote
100 g Zucker
5 Blatt Gelatine
200 ml gut gekühlte Schlagsahne

FÜR DEN STERN
3 EL Zucker
1 TL gemahlener Zimt

Die Springform mit Alufolie oder Backpapier auslegen. Für den Boden die Schokolade grob hacken und mit der Butter über dem Wasserbad schmelzen. Die Kekse in einen Gefrierbeutel legen und mit der Teigrolle fein zerkleinern. Die Krümel mit der Schokolade-Butter-Mischung vermengen und die Masse in die Form drücken, sodass ein Boden entsteht. Bis zur Weiterverarbeitung in den Kühlschrank stellen.

Für die Füllung die Milch mit dem Reis, dem Vanillemark und dem Zucker unter ständigem Rühren zu einem dicklichen Milchreis kochen. Die Gelatine in kaltem Wasser einweichen, dann ausdrücken und im Milchreis auflösen. In den Kühlschrank stellen. Sobald die Masse zu gelieren beginnt, die Sahne steif schlagen und unterheben. Die Masse auf dem Keksboden verteilen, mit Frischhaltefolie bedecken und mindestens 4 Stunden, besser über Nacht, kühlen.

Mit einem Messer vorsichtig am Rand der Form entlangfahren und die Torte vorsichtig lösen. Für den Stern den Zucker und den Zimt vermengen und eine Stern-Schablone anfertigen. Dazu einen Kreis in der Größe der Tortenform auf ein Stück Pappe und in dessen Mitte einen Stern zeichnen (Vorlage siehe Seite 181). Sowohl den Kreis als auch den Stern ausschneiden. Die Schablone über die Torte halten bzw. darauflegen und mit dem Zimtzucker einen Stern auf die Torte streuen.

TIPP: *Zur Verfeinerung drei pürierte Birnen und einen Schuss Birnenlikör unter den fertig gegarten Milchreis rühren.*

Zimtsterne

Oh, du fröhliche Plätzchenzeit! Was wäre die schönste Zeit des Jahres ohne den betörenden Duft von Zimt & Co.? Diese Spezialität stammt aus dem Schwabenland, kommt ohne Mehl aus und ist damit glutenfrei!

Zubereitungszeit: 30 Minuten
Kühlzeit: 30 Minuten
Backzeit: 20–25 Minuten
Für etwa 30 Stück

FÜR DEN TEIG

1 Eiweiß
1 Prise Salz
160 g Mandeln, gemahlen
1 Pck. Vanillezucker
2 TL gemahlener Zimt
100 g Puderzucker

FÜR DIE GLASUR

1 Eiweiß
80 g Puderzucker

Für den Teig das Eiweiß mit dem Salz steif schlagen. Vorsichtig die Mandeln, den Vanillezucker und den Zimt unterheben. Dann den Puderzucker darüber sieben und alles rasch zu einem glatten Teig verkneten. Diesen zu einer Kugel formen und in Frischhaltefolie gewickelt für mindestens 30 Minuten kühl stellen.

Den Backofen auf 125 °C Umluft vorheizen und ein Backblech mit Backpapier belegen. Den gekühlten Teig zwischen zwei Lagen Frischhaltefolie etwa 5 mm dick ausrollen. Etwa 30 Sterne ausstechen und auf das Backblech legen.

Für die Glasur das Eiweiß sehr steif schlagen, dabei nach und nach den Puderzucker einrieseln lassen. Zum Schluss mit dem Zitronensaft abschmecken. Die Zimtsterne mit der Glasur bestreichen und im heißen Ofen auf unterster Schiene 20–25 Minuten backen.

TIPP: *Für eine köstliche geschmackliche Variante den Teig mit etwas abgeriebener Orangenschale verfeinern und bei der Glasur den Zitronensaft durch etwas Orangenlikör ersetzen. Zudem lassen sich die Plätzchen mit einem Stück Walnuss oder Trockenobst verzieren. Am besten in einer luftdichten Blechdose aufbewahren.*

Brush Embroidery Cookies

Die zarten Spitzenverzierungen verleihen jedem Keks und jeder Torte ein außergewöhnliches und individuelles Design. Die Technik ist nicht schwierig und verwandelt im Handumdrehen schlichtes Gebäck in kleine Kunstwerke.

Dekorationszeit: 2 Stunden
Trockenzeit: 5 Stunden
Für 15 Stück mit einem
Christbaumkugel-Ausstecher
ausgestochen und gebacken
(Basisrezept siehe Seite 160)

Royal Icing
(Basisrezept siehe Seite 162)
Lebensmittelfarben
(Paste, siehe Seite 177;
Farben nach Belieben)

Das nach Wunsch eingefärbte Royal Icing in eine Spritzflasche oder in einen Spritzbeutel mit kleiner Lochtülle füllen. Zuerst die Außenumrandung der Kekse spritzen: Dafür benötigt man eine „Soft-peak"-Konsistenz (siehe Seite 162), die man erhält, indem man das Icing mit wenig Wasser oder Zitronensaft verdünnt. (Achtung: Die Flüssigkeit nur tröpfchenweise hinzufügen, da bereits ein Tropfen die Konsistenz stark verändert!) Vor der Anwendung einen Spritztest machen, das Icing darf nicht verlaufen!

Anschließend das Royal Icing auf die Zwischenflächen auftragen und mit einem Zahnstocher die „Pfützen" miteinander verbinden. Dafür benötigt man die auf dem Foto sichtbare „Runny"-Konsistenz, man muss also noch 1–2 Tropfen Flüssigkeit dazugeben. Werden kleine Luftbläschen sichtbar, diese sofort aufstechen. Das Royal Icing mindestens 3 Stunden trocknen lassen.

Für die Verzierung mit weißem Royal Icing in „Soft-peak"-Konsistenz zuerst die Außenumrandungen der Blüten spritzen. Dann mit einem Flachpinsel das Icing in feinen Strichen nach innen ziehen. Diesen Vorgang wiederholen, bis die Blüten einen schönen 3-D-Effekt haben. Zusätzlich einzelne kleine Punkte dazwischen setzen. Die Kekse mindestens 2 Stunden trocknen lassen.

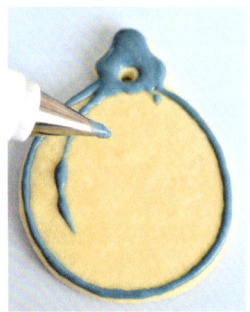  

TIPP: *Möchte man die Kekse an den Weihnachtsbaum hängen, muss man schon vor dem Backen ein Löchlein hineinstechen und dieses direkt nach dem Backen noch einmal vorsichtig nachbohren. Sind die Kekse fertig verziert, ein dünnes Band durch die Löcher ziehen.*

Nutella-Stern

Dieser Quark-Öl-Teig lässt sich so wunderbar unkompliziert und vielfältig verwenden und holt uns auch gerne mal die Sterne vom Himmel …

Zubereitungszeit: 30 Minuten
Backzeit: 25–30 Minuten
Für 1 Kuchen mit 28 cm Ø bzw. für 6–8 Personen

FÜR DEN TEIG
150 g Quark
50 ml Milch
50 ml Öl
1 Ei
65 g Zucker
1 Pck. Vanillezucker
1 Prise Salz
300 g Mehl
1 Pck. Backpulver
½ Glas Nutella (entspricht 200 g)

AUSSERDEM
1 Eigelb
2 EL Kondensmilch
Puderzucker

Den Backofen auf 180 °C Ober-/Unterhitze (oder 160 °C Umluft) vorheizen.

Für den Teig den Quark mit der Milch, dem Öl und dem Ei verrühren. Den Zucker, den Vanillezucker und das Salz dazugeben und die Masse leicht aufschlagen. Das Mehl mit dem Backpulver mischen und zu den übrigen Zutaten geben. Zuerst mit den Knethaken des Handrührgeräts, dann mit leicht bemehlten Händen zu einem glatten Teig verkneten, diesen in drei gleich große Portionen teilen.

Jede Portion zu einer Kugel formen und auf etwas Backpapier (oder auf leicht bemehlter Arbeitsfläche) kreisrund ausrollen. Zwei Teigplatten mit Nutella bestreichen und übereinander legen, die unbestrichene Platte obenauf legen.

Ein Glas auf die Mitte der obersten Teigplatte stellen und mit einem großen Messer den Kuchen in 16 gleichmäßige Stücke teilen, dabei jeweils bis zum Glas schneiden. Jeweils zwei Stücke in die Hand nehmen und dreimal um sich selbst drehen, das linke Stück nach links, das rechte Stück nach rechts. Dann beide Stücke unten zu einer Spitze zusammendrücken. Das Eigelb mit der Kondensmilch mischen und den Stern damit bestreichen. Im heißen Ofen in 25–30 Minuten goldbraun backen. Nach dem Abkühlen mit einem Hauch Puderzucker bestauben.

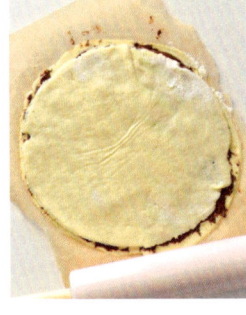  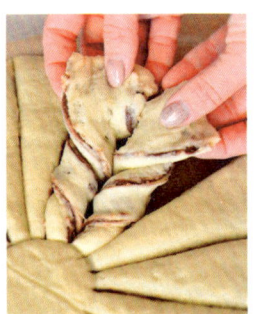 

TIPP: *Die Nuss-Nugat-Creme etwas erwärmen. Dafür das Glas ohne Deckel kurz in die Mikrowelle bzw. ins Wasserbad stellen. So lässt sie sich einfacher auf den Teigplatten verteilen.*

Double-Chocolate-Cupcakes

Vorsicht – Suchtgefahr! Nach dem Motto „doppelt hält besser" steckt Schokolade sowohl im Teig als auch im Topping. Und der zuckersüßen Schneeflocke obenauf kann sowieso niemand widerstehen.

Zubereitungszeit:
45 Minuten für die Cupcakes,
1 Stunde für die Schneeflocken
Trockenzeit: über Nacht
Backzeit: 20–25 Minuten
Für 1 Muffinblech mit Platz
für 9 Muffins

FÜR DIE SCHNEEFLOCKENDEKO
Royal Icing in „Soft-peak"-Konsistenz (siehe Seite 162)

FÜR DEN TEIG
100 ml Öl
110 g Zucker
1 Pck. Vanillezucker
1 Prise Salz
2 Eier
90 ml Milch
150 g Mehl
1 gestr. EL Backpulver
25 g echtes Kakaopulver
etwa 40 g Schokolade, geraspelt

FÜR DAS SCHOKO-TOPPING
80 g dunkle Kuvertüre
30 ml Sahne
180 g weiche Butter
etwa 210 g Puderzucker
Streudeko (nach Belieben)

Bereits am Vortag die Schneeflocken anfertigen. Die Vorlage (siehe Seite 180) kopieren und ausschneiden. Mit durchsichtigen Klebestreifen einen Bogen Backpapier auf dem Ausdruck befestigen und mit dem Royal Icing die Konturen der Schneeflocke nachspritzen. Über Nacht trocknen lassen, sie rutschen dann von ganz allein vom Backpapier.

Den Backofen auf 190 °C Ober-/Unterhitze vorheizen. Das Muffinblech mit Papierförmchen bestücken.

Für den Teig in einer Schüssel das Öl mit dem Zucker, dem Vanillezucker und dem Salz schaumig schlagen. Erst die Eier, dann die Milch unterrühren. In einer weiteren Schüssel das Mehl mit dem Backpulver und dem Kakao mischen, dann unterheben. Die Schokoladenraspel dazugeben und mit wenigen Bewegungen unterheben. Die Förmchen nur zu drei Vierteln mit dem Teig befüllen und die Muffins 20–25 Minuten backen. Erst 5 Minuten im Muffinblech abkühlen lassen, dann herausnehmen und auf einem Kuchengitter vollständig erkalten lassen.

Für das Topping die Kuvertüre grob hacken und mit der Sahne über dem Wasserbad schmelzen. Etwa 10 Minuten abkühlen lassen. Die Butter in eine Rührschüssel geben, die Kuvertüre dazugießen und mit dem Puderzucker bedecken. Alles zuerst auf niedriger, dann auf höchster Stufe in etwa 5 Minuten cremig aufschlagen. Kurz kühl stellen, dann die Spritzprobe auf einem Teller machen – ist die Masse zu weich, weitere 2–3 Minuten kühlen. Die Creme mit einem Löffel oder mit einem mit einer Tülle bestückten Spritzbeutel locker auftragen. Nach Belieben mit Streudeko verzieren. Die getrockneten Schneeflocken in die Schokocreme stecken.

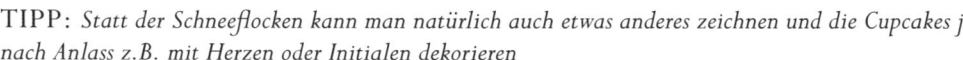

TIPP: *Statt der Schneeflocken kann man natürlich auch etwas anderes zeichnen und die Cupcakes je nach Anlass z.B. mit Herzen oder Initialen dekorieren*

Kuschelige Herbsttage

Wenn die Tage kürzer werden und die Sonne tiefer steht, lässt es sich so wunderbar aufs Sofa kuscheln. Tee trinken, Kuchen essen und genießen. Das sind Momente für die Sinne!

Pflaumenkuchen mit Frangipane

Pflaumenkuchen ist ein absoluter Herbstklassiker. Hier werden saftige, süße Früchte auf ein cremiges Mandelkissen auf luftig-leichtem Boden gebettet – der Himmel auf Erden!

Zubereitungszeit: 25 Minuten
Backzeit: etwa 45 Minuten
Für 1 längliche Backform mit
etwa 32 x 13 cm (am besten
mit Hebeboden)

1 Pck. Blätterteig aus dem Kühlregal
(kein Tiefkühlteig!)

FÜR DIE FRANGIPANE
150 g Mandeln, gemahlen
80 g Zucker
1 Pck. Vanillezucker
1 Prise Salz
2 EL Butter
2 Eier
einige Tropfen Mandelaroma

FÜR DEN BELAG
6–8 Pflaumen
1–2 EL Aprikosenkonfitüre
1–2 EL brauner Zucker
Puderzucker (nach Belieben)
Schlagsahne (nach Belieben)

Den Backofen auf 200 °C Ober-/Unterhitze vorheizen und den Boden der Backform mit Backpapier belegen.

Den Blätterteig entrollen und in die Form legen, den überstehenden Teig abschneiden. Den Boden mehrmals mit einer Gabel einstechen, dann im heißen Ofen etwa 8 Minuten vorbacken. Herausnehmen und etwas abkühlen lassen.

Für die Frangipane die Mandeln mit dem Zucker, dem Vanillezucker und dem Salz mischen. Die Butter schmelzen und mit den Eiern und dem Mandelaroma zur Mandelmischung hinzufügen. Zu einer streichfähigen Creme verrühren. Die Frangipanecreme auf dem vorgebackenen Teig verstreichen. Die Backofentemperatur auf 180 °C reduzieren.

Die Pflaumen waschen, halbieren, entsteinen und fächerförmig aufschneiden, dann auf der Creme dekorativ anrichten. Die Aprikosenkonfitüre leicht erwärmen und die Pflaumen sowie den Teigrand damit bestreichen. Die Früchte mit dem Zucker bestreuen und die Tarte weitere 35–40 Minuten backen. Nach Belieben mit Puderzucker bestauben und mit frisch geschlagener Sahne servieren.

Nuss-Trüffel-Torte

Eine elegante Torte mit Nüssen und einer feinen Trüffelcreme, die uns mitten in die Natur versetzt. Die selbst gemachten Zapfen verleihen ihr das gewisse Etwas.

Zubereitungszeit: 2 Stunden
Backzeit: 25–30 Minuten
Kühlzeit: 4–5 Stunden
Für 2 runde Backformen mit
18 cm Ø

FÜR DEN TEIG
5 Eier
1 Prise Salz
100 g weiche Butter
90 g Zucker · 1 Pck. Vanillezucker
70 g Mehl
2 gehäufte TL Backpulver
150 g Nüsse (Walnüsse oder Haselnüsse), gemahlen
4–6 EL Aprikosenkonfitüre

FÜR DIE TRÜFFELCREME
200 g Zartbitterschokolade (oder Kuvertüre)
200 ml Sahne
etwa 4 EL Baileys (oder Nusssirup)
100 g weiche Butter
100 g Puderzucker

FÜR DIE GANACHE
200 g dunkle Kuvertüre
100 ml Sahne

ZUM DEKORIEREN
etwa 100 g Marzipanrohmasse
40 g Puderzucker
etwa 50 g Mandelblättchen
kleine Rosmarinzweige

Den Boden der Backformen mit Backpapier belegen. Den Backofen auf 160 °C Umluft (oder 180 °C Ober-/Unterhitze) vorheizen.

Für den Teig die Eier trennen. Das Eiweiß mit dem Salz sehr steif schlagen. Die Butter mit dem Zucker und dem Vanillezucker weißlich-schaumig aufschlagen, dann das Eigelb einarbeiten. Das Mehl, das Backpulver und die Nüsse mischen. Unter die Buttermasse heben. Den Eischnee vorsichtig unterheben. Den Teig auf die Backformen verteilen und gleichzeitig 25–30 Minuten backen. Die Garprobe machen (siehe Seite 120)! Auskühlen lassen und je einmal waagerecht halbieren, sodass vier Böden entstehen. Drei Böden mit der leicht erwärmten Konfitüre bestreichen.

Für die Trüffelcreme die Schokolade grob hacken und mit der Sahne über dem heißen Wasserbad schmelzen. Den Likör unterrühren. Abkühlen lassen. Die Butter mit dem Puderzucker aufschlagen, dann die Schokosahne dazugeben und alles zu einer hellbraunen Mousse aufschlagen. Einen Boden (mit Konfitüre) auf eine Tortenplatte legen und mit einem Tortenring umschließen. Etwas Creme darauf verstreichen. Nun abwechselnd Böden (mit Konfitüre) und Creme schichten; der Boden ohne Konfitüre bildet den Abschluss. Die Torte etwa 4 Stunden kühlen.

Für die Ganache die Kuvertüre grob hacken und mit der Sahne über dem Wasserbad schmelzen. Etwa 30 Minuten abkühlen lassen. Den Tortenring entfernen und einen Großteil der Ganache auf der Torte verstreichen (siehe Seite 164/165).

Für die Deko die Marzipanrohmasse mit dem Puderzucker verkneten und zu Zapfen formen. Mit der restlichen Ganache bestreichen, die Mandelblättchen darauf dachziegelartig anordnen. Auf der Torte platzieren und mit den Rosmarinzweigen dekorieren.

Apfel-Ricotta-Bites

Wenn es draußen kühler wird, begegnen uns die saftigen Kugeln auf der Kirmes oder dem Weihnachtsmarkt. Sie sind aber auch im Handumdrehen selbst gemacht. In einer hübschen Papiertüte sind sie zudem der perfekte Snack zum Mitnehmen.

Zubereitungszeit: 30 Minuten
Für 15–20 Stück

FÜR DEN TEIG
2 Eier
100 g Zucker
1 Pck. Vanillezucker
1 Prise Salz
250 g Ricotta (oder Quark)
1 kleiner säuerlicher Apfel
250 g Mehl
½ TL Backpulver

AUSSERDEM
etwa 500 ml Frittierfett
(z.B. Sonnenblumenöl, Kokosfett
oder Butterschmalz)
etwa 150 g Zucker
½ TL gemahlener Zimt
(nach Belieben)
Schokosauce (nach Belieben)

Für den Teig die Eier mit dem Zucker, dem Vanillezucker und dem Salz weißlich-schaumig aufschlagen. Den Ricotta unterrühren. Den Apfel schälen, entkernen und fein hobeln, dann zum Teig geben. Das Mehl mit dem Backpulver mischen und ebenfalls unterrühren. Den relativ zähflüssigen Teig etwa 10 Minuten ruhen lassen.

In der Zwischenzeit das Frittierfett in einem Topf oder in einer tiefen Pfanne erhitzen. Um zu prüfen, ob es heiß genug ist, ein Holzstäbchen in das heiße Fett tauchen – steigen kleine Bläschen daran auf, stimmt die Temperatur. Den Teig mithilfe von zwei Esslöffeln oder mit einem Eiskugelportionierer zu Kugeln formen und diese vorsichtig ins heiße Fett gleiten lassen. Dabei portionsweise frittieren, sonst kühlt das Fett zu stark ab und die Quarkbällchen werden nicht knusprig. Nach 1–2 Minuten schwimmen die Bällchen an der Oberfläche, dann wenden. Wenn sie hellbraun gebräunt sind, herausheben und auf Küchenpapier abtropfen lassen. Im Zucker wenden oder nach Belieben den Zucker mit dem Zimt mischen und die Bällchen darin wälzen. Am besten lauwarm servieren und nach Belieben eine Schokosauce zum Dippen dazu reichen.

TIPP: *Soll das Frittierfett oder -öl nochmals verwendet werden, filtert man es durch ein Sieb oder lässt es durch einen Papier-Kaffeefilter laufen.*

Tarte Tatin mit Birnen

Wenn Früchtchen kopfüber Achterbahn fahren, steht ein Hochgenuss bevor: Tarte Tatin, der französische Backklassiker, in einer tollen Herbstvariante!

Zubereitungszeit: 20 Minuten
Kühlzeit: 30 Minuten
Backzeit: 18–20 Minuten
Für 1 große Tarteform mit 28 cm Ø
oder 2 kleine Formen mit 16 cm Ø

FÜR DEN TEIG

100 g Butter, mehr für die Form
180 g Mehl, mehr zum Verarbeiten
60 g Zucker
1 Pck. Vanillezucker
1 Prise Salz
1 Ei

FÜR DEN KARAMELL
UND DEN BELAG

50 g Zucker
40 g Butter
2 Birnen

Für den Teig die Butter in kleine Stücke schneiden und mit allen übrigen Zutaten sowie 2 EL kaltem Wasser rasch zu einem glatten Teig verkneten. Zu einer Kugel formen und in Frischhaltefolie gewickelt für etwa 30 Minuten kalt stellen.

Den Backofen auf 200 °C Ober-/Unterhitze (oder 175 °C Umluft) vorheizen. Die Tarteform leicht fetten.

Für den Karamell den Zucker mit der Butter und 2 EL Wasser in einer Pfanne bei hoher Temperatur goldbraun karamellisieren. (Vorsicht, Verbrennungsgefahr!) Dann die flüssige Masse sofort in die Backform gießen und dort fest werden lassen.

Für den Belag die Birnen schälen, vierteln und entkernen. In Spalten schneiden und auf dem erstarrten Karamell verteilen.

Den Teig auf leicht bemehlter Arbeitsfläche gleichmäßig dick und rund (etwas größer als die Backform) ausrollen. Dann mithilfe der Teigrolle über die Form legen und rundum mit einem Messer so nach unten drücken, dass ein Rand entsteht. Den Kuchen im heißen Ofen 18–20 Minuten backen. Lauwarm abkühlen lassen und auf einen Teller stürzen.

TIPP: *Schmand oder Vanilleeis passen prima dazu. Die Tarte Tatin lässt sich beliebig variieren. Sie schmeckt auch ganz hervorragend in der Originalversion mit Äpfeln, aber auch mit Pfirsichen und Pflaumen oder einem Schuss Calvados-Likör!*

Peanutbutter-Chocolate-Cookies

Cremige Erdnussbutter und dunkle Schokolade sind die idealen Begleiter für kuschelige Herbstabende und versüßen so manche Teestunde.

Zubereitungszeit: 15 Minuten
Kühlzeit: 1 Stunde
Backzeit: 12–15 Minuten
Für etwa 25 Stück

90 g weiche Butter
120 g brauner Zucker
1 Pck. Vanillezucker
1 gute Prise Salz
1 Ei
2 gehäufte EL Erdnussbutter
130 g Mehl
1 TL Backpulver
½ TL Natron
30–40 g Erdnüsse, gehackt
70 g dunkle Schokotropfen

Die Butter mit dem Zucker, dem Vanillezucker und dem Salz in etwa 3 Minuten schaumig aufschlagen (in der Küchenmaschine oder mit dem Handrührgerät). Dann das Ei und die Erdnussbutter dazugeben und weitere 2 Minuten schlagen. Das Mehl mit dem Backpulver und dem Natron mischen und unterrühren. Zum Schluss die Erdnüsse und etwa drei Viertel der Schokotropfen unterheben, den Rest beiseitelegen.

Den Teig für mindestens 1 Stunde kühl stellen. Den Backofen auf 180 °C Ober-/Unterhitze vorheizen, ein Backblech mit Backpapier belegen.

Vom Teig mithilfe eines Eisportionierers oder mit zwei Esslöffeln kleine Häufchen abstechen, diese zwischen den Handflächen zu Kugeln rollen und mit ausreichend Abstand auf das Blech setzen. Die restlichen Schokotröpfchen gleichmäßig darauf verteilen.

Die Cookies im heißen Ofen auf mittlerer Schiene 12–15 Minuten backen. Je länger sie im Ofen bleiben, desto fester werden sie. Die perfekte Konsistenz haben sie, wenn sie in der Mitte noch leicht weich sind.

TIPP: *Am besten etwas mehr Teig vorbereiten und im Kühlschrank bis zu 3 Tage, im Gefrierfach bis zu 1 Monat lagern, so hat man im Nu frischen Keksteig zur Verfügung und braucht diesen nur noch zu backen! Die gebackenen Kekse schmecken frisch am besten, sie sind aber in Metalldosen verpackt 1–2 Wochen haltbar.*

Cappuccino Pound Cake

Der Duft von frisch gebrühtem Kaffee lockt alle Schlafmützen aus dem Bett.
Und wenn dazu noch ein wunderbar saftiger, aromatischer Kuchen wartet, kann der
Morgen gar nicht besser beginnen!

Zubereitungszeit: 25 Minuten
Backzeit: 55–60 Minuten
Für 1 Gugelhupf- oder
Kranzform mit etwa 2 l Inhalt

FÜR DEN TEIG
220 g weiche Butter, mehr
für die Form
220 g Zucker
1 Pck. Vanillezucker
1 Prise Salz
6 Eier
340 g Mehl
½ Pck. Backpulver
125 g Schmand
200 ml Milch
50 ml frisch gebrühter
Espresso,
leicht abgekühlt
4 EL echtes Kakaopulver
Mark von 1 Vanilleschote
(oder Vanilleextrakt)

AUSSERDEM
Puderzucker zum Bestauben

Den Backofen auf 175 °C Ober-/Unterhitze vorheizen. Die Backform leicht fetten.

In einer Rührschüssel die Butter mit dem Zucker, dem Vanillezucker und dem Salz weißlich-schaumig aufschlagen. Nach und nach die Eier unterrühren. In einer weiteren Schüssel das Mehl mit dem Backpulver mischen, dann zusammen mit dem Schmand, der Milch und 2 EL Espresso zur Buttermasse geben und unterrühren.

Etwa ein Drittel des Teiges abnehmen und mit dem Kakao und dem restlichen Espresso glatt rühren. Zum hellen Teig das Vanillemark hinzufügen. Nun abwechselnd die beiden Teige in die Form geben und locker mit einer Gabel marmorieren.

Den Kuchen im heißen Ofen auf mittlerer Schiene 55–60 Minuten backen. Die Garprobe machen (siehe Seite 120). Klebt am Holzstäbchen noch Teig, weitere 5 Minuten backen. Den Kuchen ein paar Minuten in der Form abkühlen lassen, dann auf ein Kuchengitter stürzen und mit einem Hauch Puderzucker bestauben.

Spekulatius-Apfel-Kuchen

Oh, was duftet da? Spekulatius und Äpfel gehören zur kalten Jahreszeit einfach dazu.
Hier werden sie auf köstliche Weise vereint.

Zubereitungszeit: 35 Minuten
Backzeit: etwa 30 Minuten
Für 1 Backform mit 36 x 13 cm
(oder 1 große runde Form)

FÜR DEN BODEN
100 g Spekulatius
100 g Butterkekse
80 g Butter, mehr für die Form
½ TL Salz

FÜR DEN BELAG
1 Pck. backfeste Puddingcreme
250 ml Milch
etwa 3 EL Zucker
5–6 kleine Äpfel
1–2 EL Zitronensaft
2 EL Aprikosenkonfitüre

Den Backofen auf 180 °C Ober-/Unterhitze vorheizen. Die Backform leicht fetten.

Für den Boden die Spekulatius und die Butterkekse in einen Gefrierbeutel geben, verschließen und mit der Teigrolle zu feinen Krümeln verarbeiten. In eine Schüssel füllen. Die Butter schmelzen und mit dem Salz zu den Kekskrümeln geben. Gut mischen. Die Masse mit einem Löffel in die Form drücken, dabei einen Rand formen. Im heißen Ofen etwa 7 Minuten backen.

In der Zwischenzeit den Belag zubereiten. Dazu die Puddingcreme nach Packungsanleitung mit der Milch und dem Zucker zubereiten. Die Äpfel schälen, vierteln und entkernen. Die Viertel in geringem Abstand einritzen, aber nicht ganz durchtrennen, und mit etwas Zitronensaft beträufeln. Die Backform kurz aus dem Ofen nehmen und die Puddingcreme auf dem Boden verteilen. Die Äpfel darauf hübsch anrichten. Die Aprikosenkonfitüre leicht erwärmen und die Früchte damit dünn bestreichen.

Den Kuchen im heißen Ofen auf mittlerer Schiene etwa 25 Minuten backen, bis die Äpfel goldbraun karamellisiert sind. Am besten noch lauwarm servieren. Nach Belieben einen Klecks Schlagsahne dazu reichen.

TIPP: *Am besten verwendet man leicht säuerliche Apfelsorten wie Boskop oder Elstar; diese harmonieren ganz hervorragend mit dem süßen Keksboden und runden das Geschmackserlebnis ab.*

Tibor, der kleine Fuchs

Tibor wird uns nicht nur durch den Herbst begleiten. Das pfiffige, liebenswerte Füchslein und die zauberhafte Waldkulisse versetzen uns das ganze Jahr über ins Märchentraumland.

Zubereitungszeit:
3 Tage (siehe Seite 158)
1 Rezept Mandelbiskuit,
in 2 Springformen mit 18 cm Ø
gebacken und gefüllt (Basisrezept
und Füllung siehe Seite 160)

1 kg Fondant (siehe Seite 168)
etwa 250 g Blütenpaste
(siehe Seite 176)
Zuckerkleber (siehe Seite 178)
Speisestärke
Palmin soft (siehe Seite 178)
schwarze Zuckerperlen (4 mm Ø)
Lebensmittelfarben
(Paste; siehe Seite 177):
„Schwarz", „Braun", „Orange",
„Burgunder", „Moss Green",
„Red-Red", „Ivory",
„Golden Yellow"
Lebensmittelfarben
(Pulver; siehe Seite 177):
„Olive Green", „Spring Green",
„Aubergine", „Weiß"
klarer Alkohol (siehe Seite 176)

ARBEITSMITTEL
(Erläuterungen siehe Seite 176–178)

- Ausrollstab
- Blade Tool
- Dresden Tool
- Ball Tool
- Cone Tool
- Zahnstocher
- Smoother
- Kreisausstecher
- Ausstecher „Eichenblatt"
- Ausstecher „Efeu"

- Prägematte „Holz"
- papierummantelter Blumendraht
- Watte zum Trocknen
- Pinsel
- Malpalette
- Cake Board
- Stempel
- Schwämmchen
- Satinband
- Klebestift

FUCHS

Etwa 250 g Fondant mit der Blütenpaste mischen. Für den Fuchs etwa 350 g dieses Modellierfondants mit den Farben Braun, Orange und Burgunder in Fuchsbraun einfärben. Etwa zwei Drittel der braunen Masse zwischen den Handflächen zu einer Kugel rollen, diese zwischen Daumen und Zeigefinger am Hals schmaler und damit zu einem Kegel formen. Von unten mittig einen Zahnstocher einführen, der oben etwa 5 mm heraussteht (Abb. 1).

Für den Schwanz eine fuchsbraune Nudel formen, am Ende ein Stück weißen Modellierfondant ansetzen und mit dem Blade Tool längliche Riffeln als Schwanzhaare einritzen; mit etwas Zuckerkleber ankleben (Abb. 2).

Für den Bauch etwas weißen Modellierfondant etwa 2 mm dick ausrollen, frei Hand eine ovale Form ausschneiden und auf den Bauch kleben (Abb. 3).

Für das Halsstück aus weißem Modellierfondant ein etwa 3 mm dickes Dreieck hinten am Hals zusammenführen. Erst ankleben, dann längliche Fellhaarriffeln mit dem Blade Tool einritzen (Abb. 3).

Für die restlichen Details wird ein dunklerer Farbton benötigt. Dazu ein wenig fuchsbraunen Modellierfondant mit etwas Schwarz und einem Hauch Burgunder färben. Zwei Kugeln für die Pfoten for-

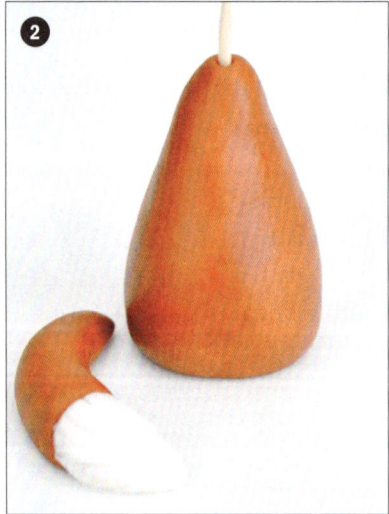

Je detailreicher das Gesicht, desto realistischer.

men, diese hinten mit dem Daumen plätten und vorne je drei Längsritze mit dem Blade Tool machen (Abb. 4). Unter den Körper kleben.

Für den Kopf aus dem restlichen Fuchsbraun eine Kugel formen, oben und unten verschmälern, mit dem Finger darüber streichen und glätten (Abb. 5). Die untere Gesichtshälfte mit weißem Modellierfondant verkleiden und dabei die Nase als höchsten Punkt herausmodellieren. Seitlich kleine Falten einritzen. Mit dem Blade Tool den Mund hineinschneiden und mit dem breiten Ende des Dresden Tools mittig öffnen (Abb. 6). Eine kleine dunkle Zunge einkleben. Einen kleinen rosafarbenen Punkt (aus „Red-Red") daraufkleben und mittig mit einem Zahnstocher einen Längsstrich einprägen. Mit dem spitzen Ende des Dresden Tools die Mundwinkel nach oben ziehen und unter dem Mund ein Grübchen prägen.

Für die Augen mit dem kleinen Ende des Ball Tools zwei Vertiefungen im Kopf anbringen. Einen Zahnstocher kurz in Zuckerkleber tauchen und pro Auge ein Löchlein vorstechen. Je eine schwarze Zuckerperle hineinsetzen. Kleine Fältchen rund ums Auge ritzen.

Für die Nase eine kleine Kugel aus dunklem Fondant platt drücken und herzförmig einschneiden, festkleben und mit einem dünnen weißen Streifen als Lichtpunkt versehen.

Für die Ohren aus dem dunklen Fondant zwei relativ dicke (5 mm) Dreiecke formen, eine Vertiefung hineindrücken und diese mit etwas Weiß auskleiden. Entweder glatt lassen oder mit dem Dresden Tool ein Muster hineindrücken und damit „plüschig" gestalten (Abb. 7).

Den Kopf auf den Körper setzen. Zum Schluss zwei längliche Nudeln als Vorderpfoten aus dem restlichen Fuchsbraun formen, jeweils das untere Drittel abschneiden und mit einer dunklen Nudel (derselbe Farbton wie die Hinterpfoten) ersetzen, unten mit dem Blade Tool die Pfote andeuten. Die Vorderpfoten oben schräg abschneiden und am Körper festkleben. Die Position korrigieren und elegant nach innen setzen (Abb. 7). Die Figur gut trocknen lassen.

HELLE PILZE (Abb. 8)

Für die hellen Pilze etwas Modellierfondant mit einem Hauch „Ivory" einfärben. Für den Pilzkopf kleine Kugeln formen, einen Zipfel in der Mitte mit Daumen und Zeigefinger herauszupfen und von unten (da, wo der Stielansatz sein wird) mit dem Cone Tool eine Vertiefung einprägen. Gut trocknen lassen. Für den Stiel aus brauner Blütenpaste dünne, längliche Nudeln formen und diese gut durchtrocknen lassen. Erst dann in die Pilzköpfe kleben (alternativ etwas Blumendraht, Zahnstocher oder Spaghetti für den Stiel verwenden) und erneut trocknen lassen. Die Pilzköpfe mit einem Hauch Puderlebensmittelfarbe bestauben.

FLIEGENPILZE (Abb. 9)

Für die Fliegenpilze zuerst aus weißem Modellierfondant den Stiel formen, einen Zahnstocher hineinstecken, der oben etwa 7 mm heraussteht, und trocknen lassen. Für die Pilzköpfe Modellierfondant mit „Red-Red" einfärben, zu dicken Kugeln formen und platt drücken. Auf Wattebäuschen trocknen lassen, damit sie einen schönen Schwung in den Rand bekommen. Dann mit weißen Punkten (Kreisausstecher) verzieren. Den Stiel mit etwas „Moss Green" und Braun bemalen. Nach dem Trocknen die Köpfe auf die Stiele setzen.

MARIENKÄFER (Abb. 10)

Für den Marienkäfer eine kleine Kugel aus rotem Modellierfondant rollen und etwas platt drücken. Als Kopf eine kleine schwarze Kugel ankleben; dabei drückt sie sich automatisch an einer Seite platt. Als Fühler je etwas Blumendraht mit einer Kugel schwarzem Fondant hineinstecken. Augen und Punkte aufkleben.

BAUMSTAMM (Abb. 11)

Den Baumstamm aus marmoriertem Modellierfondant herstellen. Dazu Braun und „Ivory" nur

leicht durchmischen. Ein Rechteck ausrollen, leicht mit Speisestärke abpudern und die „Holz"-Prägematte hineindrücken. Die Oberfläche dünn mit etwas Zuckerkleber bestreichen und von links nach rechts aufrollen, sodass die typischen „Jahresringe" entstehen. Einzelne Äste frei Hand modellieren und unten am Baumstamm festkleben

LEITER (Abb. 12)

Für die Leiter aus braunem Modellierfondant einzelne längliche Nudeln formen (zwei lange und vier kurze), diese mit der „Holz"-Prägematte oder dem Blade Tool prägen, dann die so entstandenen „Bretter" zu einer Leiter zusammenkleben. An den Kontaktstellen ein Pinselende hineindrücken, um Nägel zu simulieren. Im Liegen sehr gut trocknen lassen.

EICHELN (Abb. 13)

Für die Eicheln Modellierfondant mit „Ivory" einfärben, damit die Eicheln formen. Aus braunem Fondant die „Hüte" modellieren. Dafür 4 mm dicke Kugeln platt drücken und ein kreuzartiges Muster mit dem Blade Tool hineinritzen. Eine kleine Kugel oben ankleben.

BLÄTTER (Abb. 14 und 15)

Verschiedene Blätter wie Efeu und große Eichenblätter ausstechen (oder die Templates aus dem Buch benutzen, siehe Seite 180) und mit verschiedenen Braun-, Gelb- und Auberginetönen abpudern. Auf etwas Küchenpapier oder zusammengeknüllter Alufolie in welliger Form trocknen lassen.

FONDANTÜBERZUG UND GRASLANDSCHAFT

Für den Tortenüberzug Fondant mit den Farben „Moss Green" und „Ivory" einfärben. (Die Fondantmenge richtet sich nach der Größe der Torte. Für eine Torte mit 20 cm Ø werden 600–700 g Fondant benötigt.) Die Torte damit überziehen (siehe Seite 168/169). Die Oberfläche mit Pulverlebensmittelfarben („Olive Green", „Spring Green", „Aubergine") verzieren. Dazu je etwas Pulver in eine Malpalette geben und mit ein paar Tropfen klarem Alkohol vermengen. Jetzt mit einem dünnen Pinsel

eine Graslandschaft aufzeichnen (Abb. 16) und ein paar Minuten trocknen lassen; sobald der Alkohol verfliegt, ist die Farbe fest.

CAKE BOARD

Für das Cake Board (siehe Seite 166/167) den Fondant mit einem Hauch „Golden Yellow" einfärben und das Cakeboard damit überziehen. Ein farblich passendes Satin-Schleifenband auf die entsprechende Länge kürzen, die Enden kurz mit dem Feuerzeug abbrennen, damit sie nicht austrieseln, und das Band mit dem Klebestift auf dem Rand des Cake Boards befestigen (alternativ ein selbstklebendes Tape verwenden). Die getrocknete Torte mittig aufsetzen.

MOOS (Abb. 10)

Für das Moos etwas grünen Fondant auf der Torte festkleben, dann dicht an dicht mit dem Blade Tool einstechen und die Masse auflockern, sodass eine schöne, natürliche Oberfläche entsteht (Abb. 10).

ARRANGEMENT

Die einzelnen Dekoelemente auf der Torte arrangieren und mit Zuckerkleber befestigen. Dabei gilt wie immer: Weniger ist mehr!

TAFEL (Abb. 17)

Für die „Kreidetafel" ein Stück schwarzen Fondant etwa 3 mm dick ausrollen und eine beliebige Form ausschneiden (oder einen Keksausstecher verwenden). Etwas weiße Puderlebensmittelfarbe mit einigen Tropfen Alkohol zu einer Paste rühren, mithilfe des kleinen Schwämmchens auf den sauberen Stempel auftupfen, dann auf den Fondant stempeln. Gut trocknen lassen. Um einen noch stärkeren „Shabby Look" zu kreieren, die Oberfläche mit etwas Speisestärke abpudern. Die Tafel auf der Torte fixieren.

Frühlingsduft und Sommerbrise locken uns nach draußen. Mit vollgepacktem Picknickkorb verbringen wir eine unvergessliche Zeit mit Familie und Freunden.

Süße
Sommerträume

Strawberry Cheesecake

Die Kombination aus saftig-süßen Erdbeeren und cremigem Frischkäse lässt das Herz eines jeden Käsekuchenfans höher schlagen. Und das Beste: Der Kuchen kommt ganz ohne Backen aus!

Zubereitungszeit: 1 Stunde
Kühlzeit: 5 Stunden
Für 1 Springform mit 18 cm Ø

FÜR DEN BODEN
1 TL Speiseöl
70 g Butter
50 g ganze Mandeln, blanchiert
150 g Butterkekse
1 Prise Salz
1 TL brauner Zucker

FÜR DEN BELAG
12 Blatt weiße Gelatine
500 g Erdbeeren, geputzt
100 g Zucker
1 EL Zitronensaft
500 g Mascarpone
500 g Magerquark
2 Pck. Vanillezucker
pinkfarbene Lebensmittelfarbe
(Paste, siehe Seite 177;
nach Belieben)

ZUM DEKORIEREN
kleine essbare Blüten
(nach Belieben)

Den Boden der Springform dünn mit dem Öl bestreichen. Die Butter schmelzen und etwas abkühlen lassen. Die Mandeln grob hacken und ohne Fett leicht rösten. Die Kekse in einem Gefrierbeutel mit der Teigrolle zu feinen Krümeln verarbeiten. Diese mit den Mandeln, der Butter, dem Salz und dem braunen Zucker mischen. In die Form geben und festdrücken. Für etwa 30 Minuten kalt stellen.

Für den Belag die Gelatine getrennt – einmal zwei und einmal zehn Blatt – in kaltem Wasser einweichen. Etwa 150 g Erdbeeren klein würfeln, in einem kleinen Topf mit 2 EL Zucker und dem Zitronensaft mischen und etwa 3 Minuten sprudelnd unter Rühren kochen. Die zwei Blatt Gelatine ausdrücken und bei niedriger Temperatur auflösen. Dann 2 EL Erdbeerpüree dazugeben und glatt rühren. Diese Mischung unter das restliche Erdbeerpüree rühren. Für etwa 20 Minuten kalt stellen.

Die restlichen Erdbeeren (einige schöne Früchte beiseitelegen) pürieren und mit dem Mascarpone, dem Quark, dem restlichen Zucker und dem Vanillezucker gut vermischen. Die zehn Blatt Gelatine ausdrücken und bei niedriger Temperatur auflösen. Erst 2–3 EL Creme unter die Gelatine rühren, dann diese Mischung unter die restliche Creme rühren. Nach Belieben etwas Lebensmittelfarbe hinzufügen.

Den Kuchenboden mit etwas Quarkmasse bedecken, ein wenig Erdbeerpüree darauf klecksen und beides mit einer Gabel marmorieren. Auf diese Weise weiter verfahren, bis beide Massen aufgebraucht sind; nach Belieben etwas Püree ganz oben auf die Torte geben. Die Torte für mindestens 4 Stunden (oder über Nacht) kalt stellen. Dann den Springformrand lösen und die Torte auf eine Tortenplatte heben. Mit den restlichen Erdbeeren und nach Belieben mit Blüten dekorieren.

Afternoon Tea

Chocolate-Minz-Tarte

Auf feine englische Art servieren wir hier eine traumhafte Milchcreme mit Minze, die auf der Zunge zergeht. Die Tarte wird von zarten Schokoblättchen gekrönt.

Zubereitungszeit:
1 Stunde 30 Minuten
Kühlzeit: 3 Stunden
Backzeit: 10–12 Minuten
Für 1 längliche Tarteform
mit 35 cm Länge (oder
1 runde Form mit 26 cm Ø)

FÜR DEN TEIG
90 g kalte Butter, mehr
für die Form
35 g Zucker
1 Pck. Vanillezucker
1 Prise Salz
1 Ei
180 g Mehl
45 g echtes Kakaopulver

FÜR DIE BLATTDEKO
50 g weiße Kuvertüre
2 Tropfen Speiseöl
ungespritzte Rosenblätter

FÜR DIE CREME
150 g weiße Schokolade
(oder Kuvertüre)
350 ml Milch, mehr nach Bedarf
2 Eier
1 EL Zucker
4 gestr. EL Speisestärke
1–2 EL Pfefferminzsirup
(Menge nach Geschmack)

Für den Teig die Butter in Stücke schneiden und mit dem Zucker, dem Vanillezucker, dem Salz und dem Ei vermengen. Das Mehl mit dem Kakao mischen, dazugeben und alles mit etwa 2 EL kaltem Wasser zu einem glatten Teig verarbeiten (nicht kneten, sonst wird der Teig später spröde). Den Teig in die leicht gefettete Form drücken, dabei einen gleichmäßigen Rand formen und den Boden mehrmals mit einer Gabel einstechen. Für mindestens 1 Stunde kühl stellen.

Den Backofen auf 190 °C Ober-/Unterhitze (oder 175 °C Umluft) vorheizen. Den Boden 10–12 Minuten backen, herausnehmen und abkühlen lassen.

Nun die Blattdeko vorbereiten. Dazu die Kuvertüre grob hacken und mit dem Speiseöl über dem Wasserbad schmelzen. Dann die schöne Seite der Rosenblätter mithilfe eines Pinsels hauchzart mit der Kuvertüre bestreichen. Im Kühlschrank erstarren lassen. Die Rosenblätter vorsichtig abziehen und die Schokoblätter beiseitelegen.

Für die Creme die Schokolade grob hacken und in 300 ml Milch schmelzen. Etwas abkühlen lassen. Die Eier mit dem Zucker verrühren, 3 EL der Schokoladenmilch hinzufügen, dann alles unter die restliche Schokoladenmilch ziehen. Die restliche Milch (50 ml) mit der Speisestärke glatt rühren, zur Schokomasse geben und mit dem Schneebesen verrühren. Die Mischung bei sehr niedriger Temperatur unter ständigem Rühren in 10–12 Minuten eindicken lassen (wird sie zu dick, mit weiteren 2–3 EL Milch glatt rühren). Den Pfefferminzsirup untermischen. Die Masse auf dem Tarteboden verteilen und im Kühlschrank in etwa 2 Stunden fest werden lassen. Mit den Schokoladenblättern (alternativ After-Eight-Blättchen, frische Minze) dekorieren.

Karottencupcakes

Diese Cupcakes mit jungen Karotten schmecken so saftig und fein, dass man fast vergisst, etwas Gesundes zu naschen. Sie werden hier mal nicht in klassischen Papierförmchen, sondern in Tontöpfchen gebacken – schön ist, was gefällt!

Zubereitungszeit: 1 Stunde
Backzeit: 20–25 Minuten
Für 9 Tontöpfchen à 80 ml Inhalt
(oder 1 mit Papierförmchen
bestücktes Muffinblech)

FÜR DEN TEIG

80 g junge Karotten
1 EL frischer Orangensaft
80 g weiche Butter
50 g Zucker
1 Pck. Vanillezucker
1 Prise Salz
1 Prise frisch geriebene Muskatnuss
1 EL abgeriebene Schale
von 1 unbehandelten Orange
2 Eier
140 g Mehl
½ TL Backpulver
1 EL Schmand

FÜR DAS TOPPING

8 Oreo-Kekse
2 EL Schmand
2 EL Puderzucker
1 TL abgeriebene Schale
von 1 unbehandelten Orange

ZUM DEKORIEREN

Fondant- oder Marzipankarotten
(gekauft oder selbst gemacht, siehe
Rezepttext)

Den Backofen auf 190 °C Ober-/Unterhitze vorheizen. Den Boden der Tontöpfchen mit Backpapier belegen.

Für den Teig die Karotten schälen und sehr fein reiben. Mit dem Orangensaft vermengen. Die Butter mit dem Zucker, dem Vanillezucker, dem Salz und der Muskatnuss verrühren. Die Orangenschale dazugeben und alles weißlich-schaumig aufschlagen. Die Eier unterrühren. Das Mehl mit dem Backpulver mischen und unterheben. Vorsichtig die Karotten und den Schmand unterrühren. Die Tontöpfchen zu drei Vierteln mit dem Teig befüllen und im heißen Ofen 20–25 Minuten backen. Herausnehmen und abkühlen lassen.

Für das Topping die Oreo-Kekse auseinander drehen und die Creme in ein Schälchen schaben. Den Schmand, den Puderzucker und die Orangenschale dazugeben und alles cremig verrühren. Die Kekshälften in einen Gefrierbeutel geben und mit der Teigrolle zu Krümeln verarbeiten. Die Muffins mit der Creme bestreichen und mit den Kekskrümeln bestreuen.

Für die Deko-Karotten etwas Fondant oder Marzipan mit Lebensmittelfarbe einfärben (für das perfekte Karotten-Orange „Peach", „Red-Red" und „Golden Yellow" mischen, für das Grün mischt man „Leaf Green" und einen Hauch „Golden Yellow"). Wie in der Abbildung gezeigt aus dem orangefarbenen Fondant etwa 2,5 cm lange Karotten formen und mit einem Messer quer einritzen, den grünen Fondant in winzige Kugeln teilen und zu Blättchen formen. Die Blättchen mit wenig Wasser auf den Karotten festkleben. Kurz trocknen lassen. In die Mitte der Cupcakes mit einem Holzlöffelstiel ein kleines Loch bohren und die Karotten hineinstecken oder nur obenauf legen. (Die Karotten halten sich nach dem Trocknen gut, man kann sie daher auch auf Vorrat zubereiten.)

Dulce-de-leche-Cake

Wie ein Spaziergang auf einer blühenden Sommerwiese verdreht uns
dieser Kuchen den Kopf. Orangenaroma und karamellige Milchcreme bescheren
einfach ein unvergessliches Geschmackserlebnis!

Zubereitungszeit:
50 Minuten plus 1 Stunde
30 Minuten für die Dulce de leche
Backzeit: 35 Minuten
Kühlzeit: 2 Stunden
Für 2 Springformen mit 18 cm Ø

FÜR DEN TEIG
½ unbehandelte Orange
300 g weiche Butter,
mehr für die Formen
140 g Zucker
1 Pck. Vanillezucker
6 Eier
1 Prise Salz
Mark von 1 Vanilleschote
300 g Mehl
½ Pck. Backpulver

FÜR DIE DULCE-DE-LECHE-FÜLLUNG
1 Dose gezuckerte Kondensmilch
(etwa 400 g)
220 g weiche Butter
280 g Puderzucker

ZUM DEKORIEREN
ungespritzte Wiesenblüten, knapp
hinter der Blüte abgeschnitten
(z.B. Stiefmütterchen, Kornblumen,
Gänseblümchen; siehe Tipp)

Den Backofen auf 175 °C Ober-/ Unterhitze (oder 150 °C
Umluft) vorheizen. Den Rand der Springformen leicht fetten und
den Boden mit Backpapier belegen.

Für den Teig die Schale der Orange abreiben und den Saft
auspressen (den Saft beiseitestellen). Die Butter mit dem Zucker
und dem Vanillezucker cremig schlagen. Nach und nach die Eier
und das Salz einrühren. Die Orangenschale und das Vanillemark
untermischen. Das Mehl mit dem Backpulver mischen, dann
unterheben. Den Teig in zwei Portionen teilen und in die Formen
geben. Im heißen Ofen etwa 35 Minuten backen, dann die
Garprobe machen (dazu ein Holzstäbchen in die Mitte des
Kuchens stechen; haftet beim Herausziehen kein Teig daran, ist
der Kuchen gar). Auskühlen lassen. Jeden Boden einmal waagerecht halbieren, sodass vier Böden entstehen. Jeden Boden leicht
mit dem Orangensaft beträufeln.

Für die Füllung das Papier um die Kondensmilchdose abneh-
men und die Dose ungeöffnet in einen Topf stellen. Mit heißem
Wasser auffüllen, bis die Dose bedeckt ist, und etwa 1 ½ Stunden
köcheln lassen. Herausnehmen und auskühlen lassen, dann die
Dose öffnen. Die Butter mit dem Puderzucker weißlich-schaumig
aufschlagen, die Dulce de leche dazugeben und zu einer glatten
Creme rühren. Ist sie zu weich, ein paar Minuten kühl stellen.
Die Torte mithilfe eines Tortenrings schichten (Boden, Creme,
Boden, Creme usw.) und oben mit etwas Creme abschließen. Mit
Wiesenblüten dekorieren und mindestens 2 Stunden kühlen.

TIPP: *Sehr dekorativ sind auch (nicht essbare) Schnittblumen wie beispielsweise Gerbera, die hier in der
Abbildung zu sehen sind. Umwickelt die Stielenden aber unbedingt mit etwas Alufolie.*

Hello summer

Erdbeer-Wolken-Kuchen

Hier schmeckt einfach alles unglaublich erdbeerig – der Teig und auch die erfrischende Wolkencreme. Ein unwiderstehliches Schnittchen!

Zubereitungszeit: 35 Minuten
Backzeit: 25–30 Minuten
Kühlzeit: 1 Stunde
Für 1 Blech mit etwa 23 x 19 cm

FÜR DEN TEIG
250 g weiche Butter
115 g Zucker
1 Pck. Vanillezucker
1 Prise Salz
4 Eier
250 g Mehl
2 EL Backpulver
5 EL Erdbeer-Milchpulver
1 EL Mineralwasser
mit Kohlensäure

FÜR DEN BELAG
300 g Erdbeeren, geputzt
300 ml Milch
1 Pck. Erdbeerpuddingpulver zum Kochen
2 EL Zucker
100 g weiche Butter
110 g Puderzucker
200 g Mascarpone
abgeriebene Schale von
½ unbehandelten Zitrone
1–2 EL Zitronensaft
20 g Pistazien, gehackt

Den Backofen auf 150 °C Umluft vorheizen. Das Backblech fetten und mit Backpapier auslegen. Dazu das Backpapier unter den Wasserhahn halten, zusammenknüllen und wieder entfalten; so lässt es sich gut in die Ecken legen und bleibt auch besser in Form.

Für den Teig die Butter mit dem Zucker, dem Vanillezucker und dem Salz schaumig schlagen. Nacheinander die Eier unterrühren. Das Mehl mit dem Backpulver und dem Erdbeer-Milchpulver mischen. Zusammen mit dem Mineralwasser zur Buttermasse hinzufügen und nur ganz kurz unterheben. Auf dem Blech verteilen, glatt streichen und im heißen Ofen in 25–30 Minuten hellbraun backen. Kurz bei geöffneter Tür im Ofen, danach draußen abkühlen lassen.

Für den Belag die Erdbeeren klein würfeln (ein paar Erdbeerwürfel beiseitelegen). In einem Topf 250 ml Milch zum Kochen bringen, inzwischen das Puddingpulver mit der restlichen Milch und dem Zucker verrühren. Das angerührte Pulver in die kochende Milch einrühren. Den Pudding vom Herd nehmen und etwas Frischhaltefolie direkt auf die Oberfläche legen, damit sich keine Haut bildet. Abkühlen lassen.

Die Butter mit dem Puderzucker weißlich-schaumig aufschlagen, dann löffelweise den Mascarpone unterheben. Die Zitronenschale und den Zitronensaft untermischen. Den Pudding dazugeben (er muss in etwa die gleiche Temperatur wie die Buttercreme haben) und alles zu einer glatten Creme verrühren. Die Erdbeerwürfel unterheben. Die Creme mit einem Löffel locker auf dem Kuchen verteilen. Mit den restlichen Erdbeeren belegen und mit den Pistazien bestreuen. Den Kuchen etwa 1 Stunde kühlen, dann in Stücke schneiden.

Kiss of a rose

Wie wäre es denn einmal mit einer Torte statt Blumen? Dieses Prachtstück verbindet Eleganz mit unglaublichem Geschmack und glänzt mit schlichter Perfektion durch effektvoll drapierte Fondant-Etagen.

Zubereitungszeit: 3 Stunden
Backzeit: 18–20 Minuten
Kühlzeit: mindestens 4 Stunden
Für 2 Springformen mit 18 cm Ø

FÜR DEN BISKUIT
4 Eier
1 Prise Salz
60 g Zucker
1 Pck. Vanillezucker
125 g Mehl
2 TL Backpulver

FÜR DIE FÜLLUNG
250 g frische Himbeeren
8 Blatt Gelatine
750 g Magerquark
Saft von ½ Zitrone
120 g Zucker
1 Pck. Vanillezucker
rosafarbene Lebensmittelfarbe
(Paste, siehe Seite 177;
nach Belieben)
250 ml gut gekühlte Schlagsahne

ZUM DEKORIEREN
500 g weißer Fondant (siehe
Seite 168/169)
Speisestärke zum Verarbeiten
Zuckerkleber (siehe Seite 178),
nach Bedarf
rosafarbene Lebensmittelfarbe
(Paste, siehe Seite 177)

Den Backofen auf 175 °C Ober-/Unterhitze vorheizen (keine Umluft!). Den Boden der Springformen mit Backpapier belegen.

Für den Biskuit die Eier trennen. Das Eiweiß mit dem Salz und 6 EL kaltem Wasser sehr steif schlagen. Den Zucker und den Vanillezucker einrieseln lassen. Das Eigelb untermischen. Das mit dem Backpulver vermischte Mehl unterheben. Den Teig in die Backformen verteilen und gleichzeitig 18–20 Minuten backen. Abkühlen lassen, dann die Böden jeweils einmal waagerecht halbieren.

Für die Füllung die Himbeeren verlesen. Die Gelatine in kaltem Wasser einweichen. Die Himbeeren pürieren, durch ein Sieb streichen und mit dem Quark, dem Zitronensaft, dem Zucker und dem Vanillezucker verrühren. Die Gelatine ausdrücken und bei niedriger Temperatur auflösen. Etwas Himbeercreme unter die Gelatine rühren, dann die Mischung unter die restliche Creme rühren. Nach Belieben einfärben. Die Sahne steif schlagen und vorsichtig unterheben. Abwechselnd die Biskuitböden und drei Viertel der Creme schichten, mit einem Boden abschließen. Die restliche Creme rund um die Torte verteilen. Mindestens 4 Stunden kühl stellen.

Für die Dekoration etwas Fondant auf leicht mit Speisestärke bestaubter Arbeitsfläche etwa 3 mm dick ausrollen und einen Kreis mit etwa 20 cm Ø ausschneiden. Über die Torte legen, die Ränder glatt streichen. Mehrere Fondantstreifen (7 x 2,5 cm) zurechtschneiden, die unten eine gerade Linie und oben einen unregelmäßigen Abschluss haben (siehe Abbildung). Diese leicht überlappend rund um die Torte legen, dabei am oberen Tortenrand beginnen. Bei Bedarf mit etwas Zuckerkleber oder Wasser fixieren. Für die Rose den restlichen Fondant einfärben und in Streifen (4 x 1,5 cm) schneiden. Diese – in der Mitte der Torte beginnend – im Uhrzeigersinn überlappend anordnen, bis die Torte komplett bedeckt ist.

Himbeer-Butterkuchen

Ein echter Lieblingskuchen à la „zu Hause schmeckt's am besten", an dem man immer wieder vorbeischlendern und naschen kann.

Zubereitungszeit: 25 Minuten
Ruhezeit: 1 Stunde 20 Minuten
Backzeit: 20 Minuten
Für 1 Tarteform mit 26 cm Ø

FÜR DEN TEIG

160 ml Milch
30 g frische Hefe
40 g Zucker
350 g Mehl, mehr für die Form
1 Pck. Vanillezucker
1 Ei
1 Prise Salz
50 g weiche Butter, mehr für die Form

FÜR DEN BELAG

100 g frische Himbeeren
100 g kalte Butter
30 g flüssige Butter
4–5 EL Zucker
50 g Mandelblättchen

Für den Teig die Milch lauwarm erwärmen. Die Hefe hineinbröckeln, den Zucker hinzufügen und beides darin auflösen. Das Mehl, den Vanillezucker, das Ei und das Salz in eine Rührschüssel geben. Die Hefemilch darüber gießen und alles gut verrühren. Die Butter in Flöckchen schneiden und unterkneten, bis ein glatter, geschmeidiger Teig entsteht. Diesen zu einer Kugel formen und in eine Schüssel legen. Mit einem sauberen Küchentuch bedeckt an einem warmen Ort etwa 1 Stunde gehen lassen (siehe Tipp).

Die Tarteform fetten und leicht mit Mehl bestauben. Wenn sich das Volumen des Teiges verdoppelt hat, den Teig erneut durchkneten, dann mit den Händen in die Form drücken (nicht ausrollen!). Mit dem Küchentuch bedeckt nochmals mindestens 20 Minuten gehen lassen. Inzwischen den Backofen auf 180 °C Ober-/Unterhitze (oder 160 °C Umluft) vorheizen.

Mit dem Daumen in regelmäßigen Abständen Vertiefungen in den Kuchenteig drücken. Zuerst die Himbeeren, dann die kalte Butter in Stückchen darin verteilen. Zuletzt die gesamte Oberfläche mit der flüssigen Butter bestreichen und mit dem Zucker und Mandelblättchen bestreuen. Den Kuchen etwa 20 Minuten backen, bis die Oberfläche hellbraun karamellisiert ist. Am besten lauwarm servieren.

TIPP: *Ein Hefeteig braucht Sauerstoff, deshalb bedeckt man ihn nur mit einem Küchentuch und verschließt die Schüssel nicht. Den Teig an einem warmen Ort gehen lassen. Sehr gut dafür geeignet ist die Restwärme des Backofens (erst auf maximal 50 °C vorheizen, dann wieder abschalten) oder ein Plätzchen an der Heizung. Je wärmer die Umgebung ist, desto schneller geht der Hefeteig auf.*

Croquembouche

Ein zauberhafter zarter Teig, zu kleinen Wolkenkugeln geformt und
in ein hübsches rosa Cremebett verpackt – wer könnte dieser aufsehenerregenden
französischen Festtagstorte widerstehen?

Zubereitungszeit: 3 Stunden
Backzeit: 20–23 Minuten
Für 1 große Torte mit
etwa 60 Windbeuteln

FÜR DIE WINDBEUTEL

350 ml Milch
140 g Butter
½ TL Salz
400 g Mehl
8 Eier

FÜR DIE FÜLLUNG

250 g weiße Kuvertüre
50 ml Sahne
450 g weiche Butter
etwa 450 g Puderzucker
1–2 TL Vanillearoma
250 g Frischkäse
350 g Himbeeren
rosafarbene Lebensmittelfarbe
(Paste, siehe Seite 177;
nach Belieben)

Den Backofen auf 220 °C Ober-/ Unterhitze vorheizen und
ein feuerfestes, mit Wasser gefülltes Gefäß auf den Boden des
Ofens stellen.

Für die Windbeutel die Milch mit 350 ml Wasser, der Butter und
dem Salz in einen Topf geben und aufkochen. Das Mehl auf einmal
hinzufügen. Gut rühren, bis sich der Teig als Kloß vom Topfboden
löst. Weitere 2–3 Minuten von allen Seiten „abbrennen", wobei sich
auf dem Topfboden eine weiße Schicht bildet. Den Brandteig und
ein Ei in eine Schüssel geben und sofort gut verrühren, anschließend
10 Minuten ruhen lassen. Die übrigen sieben Eier nach und nach
dazugeben und mit den Knethaken zu einem glänzenden, geschmei-
digen Teig kneten. Den Teig in einen Spritzbeutel mit großer
Lochtülle füllen und mit ausreichend Abstand zueinander etwa
60 Tuffs auf das Blech spritzen. Im heißen Ofen 20–23 Minuten
backen (zwischendurch die Backofentür nicht öffnen, da sonst der
Brandteig zusammenfällt!). Herausnehmen und abkühlen lassen.

Für den Unterbau einen Karton (DIN A 3) zu einem Trichter
formen und innen mit doppelseitigem Klebeband zusammenkleben.

Für die Füllung die Kuvertüre grob hacken und mit der Sahne
über dem Wasserbad schmelzen, dann etwas abkühlen lassen. Die
Butter mit dem Puderzucker und dem Vanillearoma mischen und
etwa 15 Minuten weißlich-schaumig aufschlagen. Die Kuvertüre-
Sahne-Mischung und den Frischkäse unterrühren (alle Zutaten
müssen in etwa die gleiche Temperatur haben). Die Himbeeren
pürieren und untermischen. Nach Belieben die Creme mit der
Lebensmittelfarbe noch stärker einfärben.

Etwa die Hälfte der Füllung in einen mit einer dünnen Füllnadel
versehenen Spritzbeutel geben und in die Windbeutel spritzen.
Diese leicht mit Puderzucker bestauben. Den Unterbau auf eine
Tortenplatte oder auf ein mit Fondant bezogenes Cake Board setzen
(siehe Seite 166/167) und rundum mit der restlichen Creme
bestreichen. Die Windbeutel mit der Öffnung nach innen unten
beginnend ankleben. Die Torte kühlen und nach Belieben mit
Blüten oder einem Satinband dekorieren.

Rosa Baiser-Baci

Luftig-leichte Küsschen aus Baiser sagen manchmal
mehr als tausend Worte …

Zubereitungszeit: 30 Minuten
Backzeit: 2 Stunden
Für etwa 30 Stück

FÜR DAS BAISER

2 frische Eiweiß (Größe M)
90 g Zucker
1 Spritzer frischer Zitronensaft
rosafarbene Lebensmittelfarbe
(Paste; siehe Seite 177)

FÜR DIE FÜLLUNG

70 g weiße Kuvertüre
100 g weiche Butter
120 g Puderzucker
einige Tropfen Rosenwasser
(Menge nach Geschmack)

Den Backofen auf 100 °C Ober-/Unterhitze (oder 75 °C Umluft) vorheizen. Ein Backblech mit Backpapier belegen.

Für das Baiser das Eiweiß so steif schlagen, dass es schnittfest wird, dabei gegen Ende nach und nach den Zucker einrieseln lassen. Weiter schlagen, bis sich der Zucker komplett aufgelöst hat und die Masse glänzt. Den Zitronensaft dazugeben. Einen Hauch Lebensmittelfarbe untermischen, aber nur so, dass sichtbare Schlieren entstehen. Die Masse in einen mit einer großen Sterntülle versehenen Spritzbeutel füllen und etwa 60 Tuffs auf das Backblech spritzen. Im heißen Ofen etwa 2 Stunden trocknen lassen, herausnehmen und abkühlen lassen.

Für die Füllung die Kuvertüre grob hacken und über dem heißen Wasserbad schmelzen, dann etwas abkühlen lassen. In der Zwischenzeit die Butter mit dem Puderzucker schaumig schlagen. Die Schokolade dazugeben und die Masse mit dem Rosenwasser abschmecken. Die Creme in einen Spritzbeutel füllen (ist sie zum Spritzen noch zu weich, dann kurz in den Kühlschrank geben). Auf die Hälfte der Baisertuffs spritzen, die anderen Tuffs als Deckel aufsetzen. Bis zum Festwerden in den Kühlschrank stellen.

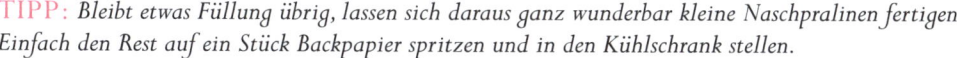

TIPP: *Bleibt etwas Füllung übrig, lassen sich daraus ganz wunderbar kleine Naschpralinen fertigen. Einfach den Rest auf ein Stück Backpapier spritzen und in den Kühlschrank stellen.*

Limetten-Marshmallow-Cupcakes

Bei akutem Fernweh empfehle ich diese kleinen, erfrischenden Vitaminbomben. Und wie bei einem tollen Urlaubscocktail darf auch ein Hauch Kokos und süßer Schaum nicht fehlen.

Zubereitungszeit: 1 Stunde
Backzeit: 20–23 Minuten
Für 1 Muffinblech mit
Platz für 9 Muffins

FÜR DEN TEIG
100 ml neutrales Speiseöl
110 g brauner Zucker
1 Pck. Vanillezucker
1 Prise Salz
Saft und dünn abgeriebene Schale von
1 unbehandelten Limette
2 Eier
70 ml Milch
150 g Mehl
1 gestr. EL Backpulver
20 g Kokosflocken

FÜR DAS TOPPING
200 g Mascarpone
100 g Puderzucker
etwa 4 EL Marshmallow-Fluff
(aus dem Glas)
Lebensmittelfarbe
(Paste, z.B. „Lime Green",
siehe Seite 177; nach Belieben)

ZUM DEKORIEREN
Mini-Marshmallows

Den Backofen auf 190 °C Ober-/Unterhitze vorheizen. Das Muffinblech mit Papierförmchen bestücken.

Für den Teig in einer Schüssel das Öl mit dem Zucker, dem Vanillezucker, dem Salz und der Limettenschale schaumig schlagen. Die Eier, 1 TL Limettensaft und zum Schluss die Milch dazugeben und zu einer homogenen Masse verrühren. In einer weiteren Schüssel das Mehl mit dem Backpulver und den Kokosflocken mischen. Mit wenigen Bewegungen unter die Eiermasse ziehen. Die Förmchen nur zu drei Vierteln mit dem Teig befüllen, da der Teig beim Backen aufgeht, und die Muffins 20–23 Minuten backen. Herausnehmen und erst 5 Minuten im Blech etwas abkühlen lassen, dann die Muffins auf ein Kuchengitter setzen und vollständig erkalten lassen.

Für das Topping den Mascarpone mit dem Puderzucker und dem restlichen Limettensaft verrühren. Den Marshmallow-Fluff unterheben. Nach Belieben die Creme mit einem Hauch Lebensmittelfarbe limettengrün einfärben.

Die Masse in einen Spritzbeutel mit Sterntülle füllen (ist sie zu weich, für ein paar Minuten kühl stellen), dann – von der Mitte aus erst nach außen und dann in die Höhe arbeitend – große Tuffs auf die Muffins spritzen. Mit den Mini-Marhsmallows dekorieren und bis zum Servieren kühl stellen.

TIPP: *Eine Vorlage für selbst gemachte Cupcake-Wrapper aus Papier findet ihr auf Seite 181.*

Molded Cookies

Für alle Zuckerbäcker ist ein Keksrezept mit Gelinggarantie
einfach unverzichtbar. Hier wird ein Grundrezept vorgestellt, das nach
Herzenslust variiert und verziert werden kann.

Zubereitungszeit: 1 Stunde
Kühlzeit: 1 Stunde
Backzeit: 7 Minuten
Für 12–15 Stück

120 g weiche Butter
110 g Zucker
1 Pck. Vanillezucker
1 Ei
1 Prise Salz
250 g Mehl, mehr zum
Verarbeiten

Die Butter mit dem Zucker und dem Vanillezucker cremig rühren. Das Ei und das Salz dazugeben. Das Mehl darüber sieben und so rasch wie möglich einkneten (den Teig nicht zu lange bearbeiten, sonst wird er später spröde und trocken!). Den Teig zu einer Kugel formen und in Frischhaltefolie gewickelt für mindestens 1 Stunde im Kühlschrank ruhen lassen.

Den Backofen auf 165 °C Umluft vorheizen. Den gekühlten Teig auf einer mit Mehl bestaubten Arbeitsfläche 3–4 mm dick ausrollen und zwölf bis 15 beliebige Figuren oder Formen ausstechen. Auf ein mit Backpapier belegtes Backblech legen und im heißen Ofen etwa 7 Minuten backen.

Die Kekse herausnehmen, bevor die Ränder braun werden. Sofort vom Blech gleiten und auskühlen lassen.

Alternativ eine 3-D-Silikonform leicht mit Mehl ausstauben, den Teig hineindrücken und den überschüssigen Teig abtrennen. Dann die Kekse vorsichtig direkt aus der Form auf das mit Backpapier belegte Blech legen und etwa 30 Minuten in den Kühlschrank oder sogar ins Gefrierfach legen, damit der Teig beim Backen in Form bleibt. Erst dann backen.

TIPP: *Zum Verzieren findet man die besten Hilfsmittel manchmal gleich im Haushalt, sei es ein hübsches Häkeldeckchen, das man auf den Teig legt und mit der Teigrolle darüber rollt, oder ein Ästchen, welches man in den Teig presst. Es gibt aber auch professionellere Geräte wie Rolling Pins oder Silikonformen, mit denen man Muster prägen kann. Aus den Molded Cookies lässt sich übrigens im Nu eine reizende Dekoration herstellen — einfach ein Satinbändchen durchziehen und dann den Osterstrauß oder Weihnachtsbaum damit schmücken!*

Ranunkelbouquet

Kaum erwärmen die ersten Sonnenstrahlen den Boden, sprießen grüne Triebe und verheißen den Frühling. Magnolien, Kirschbaumblüten oder Maiglöckchen duften betörend und machen Lust, auch Torten mit ihren zarten Blüten zu verzieren.

Zubereitungszeit:
3 Tage (siehe Seite 158)
1 Rezept Mandelbiskuit,
in 2 Springformen mit
22 bzw. 18 cm Ø
gebacken und gefüllt
(Basisrezept und Füllung
siehe Seite 160)

etwa 600 g Blütenpaste
(siehe Seite 176)
etwa 1,5 kg Fondant
(siehe Seite 168/169)
Pasten- und Pulverlebens-
mittelfarbe („Moss Green",
„Lemon Yellow", „Leaf
Green"; siehe Seite 177)
Zuckerkleber (siehe Seite 178)
Speisestärke
Palmin soft

ARBEITSMITTEL
(Erläuterungen siehe Seite 176–178)

- kleine runde Spritztülle
- Zahnstocher
- Ausrollstab
- kleiner und mittlerer runder Ausstecher
- Ausstecher „Hawaiian Flower"
- Ausstecher „Gänseblümchen" („Plunger Cutter Blossom Set") Veiner „Hibiskus" und „Petunia Cutter & Mould Set"
- Zange
- Styroporklotz
- Luftballon
- Silikonmould für die Spitzenkugel („Baroque Mould")
- weißer, papierummantelter Blumendraht (Stärke: 26 gauge; siehe Seite 176)
- Cake Board
- Smoother
- selbstklebendes Spitzenband
- Satinband
- Klebestift

RANUNKELN

Pro Blüte eine etwa haselnussgroße Menge Blütenpaste mit einem Hauch grüner Pastenfarbe einfärben. (Achtung: Die Farbe dunkelt immer etwas nach!) Die Blütenpaste zwischen den Handinnenflächen zu einer Kugel formen, diese mit dem Daumen in der Mitte etwas platt drücken. Mithilfe einer kleinen, runden Spritztülle in die Mitte einen Kreis prägen. Dann mit dem Rand des oberen Tüllenendes rund um den Kreis Einkerbungen eindrücken. Mithilfe eines Zahnstochers kleine Punkte prägen (Abb. 1; alternativ für eine stärker strukturierte Oberfläche ein Küchensieb leicht in die Kugel drücken). Die Kugeln gut trocknen lassen, am besten über Nacht in einem Obstkarton (z.B. von Äpfeln) aus dem Supermarkt, da dieser luftdurchlässig ist und die Blüten gleich in halbrunder Form trocknen lässt.

Für die Blütenblätter etwas Blütenpaste zartgrün einfärben und so dünn wie möglich (1–2 mm) auf leicht mit Speisestärke bestaubter Arbeitsfläche mithilfe eines Ausrollstabes ausrollen. Mit dem kleinen runden Ausstecher pro Blüte vier Blätter ausstechen (Abb. 2). Es ist ratsam, immer alle Blätter einer Lage gleichzeitig auszustechen und sofort unter etwas Frischhaltefolie zu legen, damit die Blütenpaste

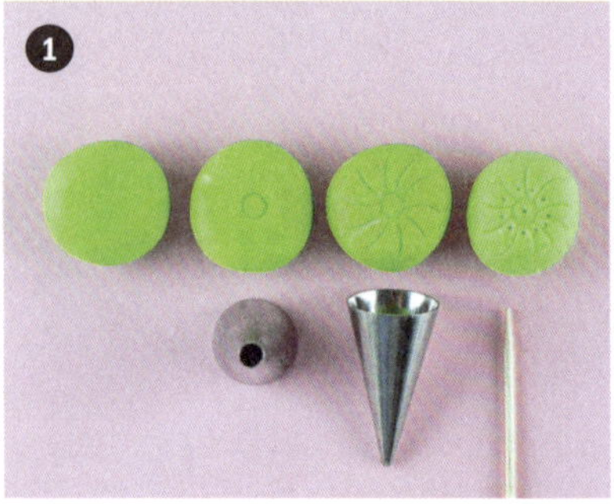

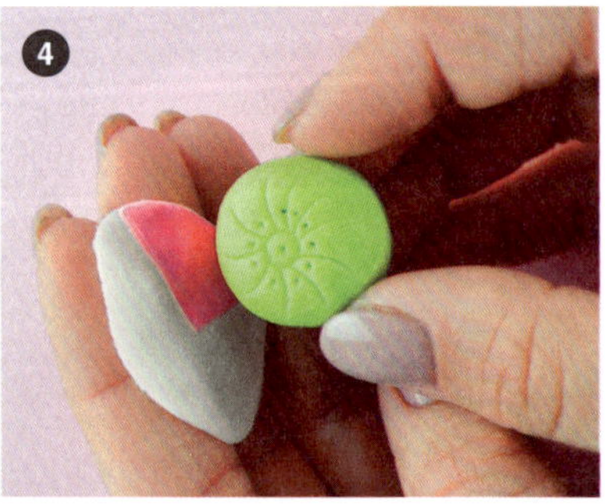

Wie viele Blüten an
der Torte angebracht
werden, ist ganz dem
eigenen Geschmack
überlassen.

nicht austrocknet. (Die Reste der Paste zusammenrollen und bis zur Weiterverwendung in Frischhaltefolie wickeln.) Über die oberen Ränder der ausgestochenen Blätter leicht mit dem Ausrollstab rollen, damit sie dünner werden. (Oft wird dafür, wie bei Rosen, ein Ball-Tool genommen. Bei Ranunkeln ist jedoch das Ausdünnen mithilfe des Ausrollstabs zu empfehlen, denn dadurch kräuseln sich die Blattränder nicht so stark wie beim Ball-Tool, was eher dem Äußeren der Ranunkeln entspricht.) Je dünner die Blütenblätter, desto schöner sind sie.

Nun werden die Blätter im Uhrzeigersinn sich überlappend aufgebracht. Dafür nur jeweils die untere rechte Ecke (Abb. 3; pink eingezeichnet) des Blattes hauchdünn mit Zuckerkleber einstreichen, dann auf der grünen Kugel festkleben, sodass die rechte Seite offen bleibt (Abb. 4). Dort wird jeweils das nächste Blatt darunter geschoben. Jetzt die noch offene Seite (Abb. 5; grün eingezeichnet) des ersten Blattes von außen auf das zweite kleben. Gut trocknen lassen.

Für die Blätter der weiteren Reihen jeweils etwas weiße Blütenpaste hinzufügen, damit sie von innen nach außen immer heller werden und ein schöner, natürlicher Farbverlauf entsteht.

Für die zweite Reihe fünf Blätter mit dem kleinen Ausstecher ausstechen und wie beschrieben anbringen. Ganz wichtig ist es (im Gegensatz zu Rosen), die einzelnen Reihen von der Seite aus gesehen in einer Höhe anzuordnen (Abb. 6).

Für die restlichen Lagen wird der größere Ausstecher verwendet. Die dritte und vierte Reihe besteht ebenfalls aus jeweils fünf Blättern. Die Blätter der vierten Reihe leicht mit den Fingern nach außen ziehen.

Ab Reihe vier die Blütenblätter nach dem Ausdünnen im leicht mit Speisestärke bestaubten Veiner prägen (Abb. 7) und danach wie bisher im Uhrzeigersinn festkleben. Bei der äußersten Blütenblattreihe einen Zahnstocher verwenden und damit die oberen Ränder ein wenig nach außen rollen.

Wie viele Lagen man anbringt, richtet sich nach der Größe der Torte und dem persönlichen Geschmack. Die einzelnen Blüten haben etwas Gewicht; steckt man von hinten einen Zahnstocher in die fertige Blüte, kann man sie besser in der Torte fixieren (Abb. 8).

ÜBERBLICK ÜBER DIE EINZELNEN LAGEN (HIER SIEBEN):
1. Reihe: vier Blätter mit dem kleinen Ausstecher
2. Reihe: fünf Blätter mit dem kleinen Ausstecher
3. Reihe: fünf Blätter mit dem großen Ausstecher
4. Reihe: fünf Blätter mit dem großen Ausstecher, leicht nach außen gezogen, plus Veiner
5. Reihe: sechs Blätter mit dem großen Ausstecher, plus Veiner
6. Reihe: sieben Blätter mit dem großen Ausstecher, plus Veiner
7. Reihe: acht Blätter mit dem großen Ausstecher, plus Veiner; mit Zahnstocher zum Einrollen der äußeren Ränder

HAWAIIAN FILLER FLOWERS

Die unregelmäßigen Formen erinnern ein wenig an Wicken und harmonieren perfekt mit den eher ebenmäßigen Ranunkeln. Dafür etwas Blütenpaste mit „Leaf Green" hauchzart einfärben. Einen Draht mit einer scharfen Schere oder Zange in etwa 4 cm lange Stücke schneiden.

Die Blütenpaste etwa 2 mm dünn ausrollen und Blüten ausstechen. Mit einem Zahnstocher kleine Rillen einprägen (Abb. 9), dabei die Mitte auslassen, diese mit ein wenig Zuckerkleber bestreichen. Dann die Blüte zwischen Daumen und Zeigefinger falten und auf der Unterseite länglich zusammenrollen. Dort einen in Zuckerkleber getauchten Draht einführen und die Blütenpaste um den Draht zwirbeln, so dass sie perfekt abschließt (Abb. 10). Die Blüten über Kopf trocknen lassen.

KLEINE WEISSE FILLER FLOWERS

Ewas weiße Blütenpaste 1–2 mm dünn ausrollen, mit dem kleinsten Gänseblümchen-Ausstecher des „Plunger Cutter Blossom Sets" Blüten ausstechen und in den leicht mit Speisestärke bestaubten Veiner aus dem „Petunia Cutter & Mould Set" legen (Abb. 11). Diesen leicht zusammenpressen und die Blüten in einer Obstschale oder auf etwas Küchenpapier trocknen lassen. Nach dem Trocknen kann man sie noch mit etwas hellgrüner Puderfarbe abpudern, um die Rillen optisch hervorzuheben (Abb. 12). Wer mag, kann noch einen winzigen Royal-Icing-Punkt (siehe Seite 162) hineinsetzen oder eine winzige Zuckerperle in die Mitte kleben.

Einige der Blüten auf Draht stecken. Dazu einige 3 cm lange Drahtstücke vorbereiten. Eine winzige Kugel (2 mm Ø) aus der weißen Blütenpaste formen und auf das leicht in Zuckerkleber getauchte Ende des Drahtes stecken. Antrocknen lassen. Die weißen Filler Flowers mit einem Hauch Zuckerkleber darauf befestigen. Gut trocknen lassen.

KNOSPEN

Für die Knospen den Draht in etwa 5 cm lange Stücke schneiden und das Ende mithilfe einer Zange oder Schere zu einem winzigen Haken umbiegen. Aus etwas hellgrüner Blütenpaste haselnussgroße Kugeln formen, dann den leicht in Zuckerkleber getauchten Draht hineinführen und das andere Ende zwischen Daumen und Zeigefinger zu einem leicht spitzen Ende formen. Mit dem Blade Tool oder Skalpell vier bis fünf längliche Rillen einprägen (Abb. 13). Am besten in einem Styroporklotz trocknen lassen.

SPITZENKUGEL

Einen Luftballon so groß aufpusten, wie später die Kugel werden soll, und mit reichlich Palmin soft (siehe Seite 178) einstreichen. Die Blütenpaste in die leicht mit Speisestärke bestaubte Silikonmould (Baroque Mould) drücken und mit einem Messer oder Blade Tool die überstehenden Reste abschneiden (Abb. 14). Die Reste sofort luftdicht verpacken. Dann die einzelnen Ornamente vorsichtig aus der Form lösen und dicht an dicht mit Zuckerkleber auf die Oberfläche des Luftballons kleben (Abb. 15). Die Kugel komplett durchtrocknen lassen, das dauert je nach Dicke 2–3 Tage. Mit der Zeit entweicht die Luft aus dem Luftballon und er schrumpft, die ausgehärtete Spitzenkugel bleibt aber in ihrer Form. Hat sich der Ballon überall gelöst, kann er entfernt werden. Wem das zu lange dauert, der kann ihn auch mit einer Nadel aufstechen.

TORTENÜBERZUG UND CAKE BOARD

Für den Tortenüberzug den Fondant in zwei Portionen zart hellgrün einfärben, wobei die untere Tortenetage deutlich heller gehalten sein soll als die obere. Den Fondant auf der mit Speisestärke bestaubten Arbeitsfläche ausrollen und die beiden Etagen überziehen (siehe Seite 168/169). Auf die untere Etage aus weißem Fondant ausgestochene Blüten kleben (Abb. 16). Die obere Etage leicht mit Puderzucker bestauben, dadurch entsteht der Shabby-Chic-Stil.

Für das Cake Board die Fondantreste der oberen Etage verwenden und den Fondant neu ausrollen. Das Cake Board leicht mit Wasser befeuchten und den ausgerollten Fondant darauf legen. Mit dem Smoother darüberstreichen, bis alles schön glatt ist und dann entweder mithilfe des Smoothers oder mit einem Messer den überflüssigen Fondant abschneiden. Das Cake Board mithilfe eines Blütenausstechers prägen (Abb. 17). Die Kante ziert ein selbstklebendes Spitzenband (oder ein Satinband; dieses auf die richtige Länge kürzen, die Enden kurz mit einem Feuerzeug abbrennen, und das Band mit einem Klebestift fixieren). Als Abgrenzung zwischen den beiden Etagen ein dünnes Satinband um den Boden der oberen Etage legen. Das Ende mit einer Stecknadel fixieren. Die Torte auf das Cake Board setzen und die Spitzenkugel sowie die Blüten darauf drapieren. Das Satinband sowie alle gedrahteten Teile vor dem Anschneiden entfernen.

Der Ballon löst sich, wenn er schrumpft, von selbst von der Blütenpaste

Geschenke aus der Küche

Selbst Gemachtes kommt von Herzen und erfreut den Beschenkten umso mehr. Hübsch verpackt ist es zudem ein echter Hingucker und bleibt lange in Erinnerung.!

Zitronen-Quark-Soufflés

Diese leichte Köstlichkeit ist erfrischend luftig und passt ideal zum Frühlings- oder Osterbrunch. Der schlanken Linie schmeichelt sie obendrein!

Zubereitungszeit: 20 Minuten
Backzeit: 18–20 Minuten
Für 4 Stück

6 unbehandelte Zitronen
2 Eier
1 Prise Salz
2 EL plus 45 g Zucker
1 Pck. Vanillezucker
1 EL Zitronensaft
150 g Speisequark
30 g Mehl
Puderzucker zum Bestauben
(nach Belieben)

Den Backofen auf 200 °C Ober-/Unterhitze vorheizen. Die Zitronen waschen und trocken reiben. Oben einen Deckel abschneiden und beiseitelegen. Die Früchte unten gerade abschneiden und mit einem Löffel aushöhlen (das Fruchtfleisch z.B. zur Zubereitung von Limonade verwenden). Etwas Alufolie unten in die ausgehöhlten Zitronen legen, sodass die Füllung nicht hinauslaufen kann. Die Zitronen in je ein Auflaufförmchen setzen.

Die Eier trennen. Das Eiweiß mit dem Salz steif schlagen, gegen Ende 2 EL Zucker einrieseln lassen und noch kurz weiter schlagen. Das Eigelb mit den 45 g Zucker, dem Vanillezucker und dem Zitronensaft verrühren. Den Quark dazugeben, das Mehl darüber sieben und alles mit dem Schneebesen klümpchenfrei verrühren. Vorsichtig den Eischnee unterheben.

Die Masse in die Zitronen füllen, dabei etwas Platz lassen, da der Teig noch aufgehen wird. Etwa 2 cm hoch Wasser in die Förmchen gießen und die Soufflés im heißen Ofen 18–20 Minuten backen, bis sie hellgolden und schön aufgegangen sind. Herausnehmen und die Zitronendeckel aufsetzen oder nach Belieben mit einem Hauch Puderzucker bestauben.

Turrón – Rosa Nugat

Ein tolles Mitbringsel! Getrocknete Früchte und Nüsse veredeln die ursprünglich aus dem arabischen Raum stammende Köstlichkeit, die heute im gesamten Mittelmeergebiet sehr beliebt ist.

Zubereitungszeit: 40 Minuten
Kühlzeit: mindestens 4 Stunden
Für 1 Backform mit 20 x 20 cm
bzw. etwa 40 Stück

2 eckige Backoblaten
(à 12 x 20 cm)
100 g Erdnüsse, gehackt
100 g Mandeln, gehackt
80 g getrocknete Erdbeeren
(oder Cranberries)
160 g flüssiger Honig
180 g Zucker
1 frisches kaltes Eiweiß
1 Prise Salz
rosafarbene Lebensmittelfarbe
(Paste; siehe Seite 177)
einige Tropfen Rosenöl

Den Boden der Form leicht befeuchten und mit Backpapier belegen. Die Backoblaten nebeneinander darauf legen und bei Bedarf zurechtschneiden.

Die Erdnüsse und die Mandeln in einer Pfanne ohne Fett leicht anrösten, dann abkühlen lassen. Die getrockneten Erdbeeren grob hacken. Den Honig mit 1–2 EL Wasser und 100 g Zucker unter Rühren aufkochen und etwa 5 Minuten köcheln lassen. Das Eiweiß mit dem Salz steif schlagen, nach und nach die restlichen 80 g Zucker einrieseln lassen und weiter schlagen, bis sich der Zucker vollständig aufgelöst hat. Einen Hauch Lebensmittelfarbe untermischen. Den Honigsirup mit dem Rosenöl aromatisieren und in dünnem Strahl unter den Eischnee laufen lassen. Die Masse etwa 5 Minuten weiter schlagen, bis sich ihr Volumen verdoppelt hat. Zum Schluss die Nüsse und die Früchte vorsichtig unterheben.

Die Masse zügig in der Form verteilen. Die Form einige Male auf die Arbeitsfläche klopfen, um Luftblasen zu vermeiden. Mindestens 4 Stunden, besser über Nacht, kühl stellen, dann den Turrón in Rechtecke schneiden.

TIPP: *Ganz besonders köstlich schmeckt der Nugat durch die Zugabe von 2 EL Matcha-Tee (Pulver). Dann aber die rosafarbene Lebensmittelfarbe weglassen, da der Matcha-Tee den Nugat grün färbt.*

★ Browniemix im Glas

Diese Backmischung ist ein echter Alleskönner: Hübsch geschichtet und mit einer netten Botschaft versehen werden diese Brownies ihre Fans finden!

Zubereitungszeit:
30 Minuten
Für 1 verschließbares Glas
(oder Milchflasche) mit
etwa 600 ml Inhalt

170 g Mehl
1 TL Backpulver
1 Prise Salz
30 g echtes Kakaopulver
1 Pck. Vanillezucker
90 g brauner Zucker
80 g Zucker
120 g Schokoladenchips
etwa 50 g Nüsse, gehackt

Für die Backmischung das Mehl mit dem Backpulver und dem Salz in einer Schüssel mischen. Nun die Mehlmischung und alle übrigen Zutaten einzeln mit einem großen Löffel in das Glas füllen und festdrücken, sodass sauber getrennte, farbige Schichten entstehen (siehe Abbildung). Das Glas verschließen.

Nun folgende Backanleitung auf einen Zettel schreiben und am Glas anbringen oder direkt auf das Glas schreiben:

„Backmischung für Brownies"
Noch benötigte Zutaten:
125 g weiche Butter
3 Eier
2 EL Milch, nach Bedarf

Eine Backform (24 x 20 cm) leicht fetten und mit Backpapier auslegen. Den Backofen auf 170 °C Umluft vorheizen. Die Butter mit den Eiern schaumig rühren und die trockenen Zutaten untermischen. Bei Bedarf etwas Milch unterrühren. Den Teig in die Form geben und 25–30 Minuten backen.

Sweet Sushi

Da werden alle Augen machen: Milchreis, frische Früchte und Naschereien im Sushi-Style, dazu noch ein Schoko- oder Erdbeerdip. Das tolle Dessert eignet sich ganz wunderbar für Kinderpartys, Silvester oder ein romantisches Picknick.

Zubereitungszeit: 1 Stunde
Kochzeit: 25–30 Minuten
Für 4 Personen

FÜR DEN MILCHREIS
750 ml Milch
250 ml Kokosmilch
100 ml Apfelsaft
250 g Milchreis
1 Prise Salz
4–6 EL Zucker
1 Pck. Vanillezucker

ZUM BELEGEN UND DEKORIEREN
frische Früchte (z.B. Beeren, Bananen, Ananas, Mango), geputzt und in Stücke geschnitten
Fruchtgummis, Zuckerstreusel, gehackte Nüsse, geraspelte Schokolade, (nach Geschmack)

Für den Milchreis die Milch mit der Kokosmilch und dem Apfelsaft in einem Topf mischen (der Apfelsaft sorgt für die klebrige Konsistenz des Reises, die für Sushi nötig ist). Aufkochen, den Milchreis und das Salz hinzufügen. Den Milchreis bei niedriger Temperatur unter gelegentlichem Rühren 25–30 Minuten quellen lassen, gegen Ende den Zucker und den Vanillezucker hinzufügen. Den Reis nur leicht abkühlen lassen, denn lauwarm lässt er sich leichter formen und bleibt auch besser in Form.

Für die „Nigiri Sushi" mit einem Löffel jeweils eine kleine Menge Reis abstechen und zwischen leicht befeuchteten Handflächen viereckig oder oval formen. Nach Belieben mit Fruchtstücken und Fruchtgummis dekorieren.

Für die gerollten „Maki Sushi" eine Lage Frischhaltefolie (oder Backpapier) auf eine Matte legen. Den Reis in Form eines Rechtecks darauf verstreichen und nach Wunsch befüllen. Mithilfe der Matte aufrollen und mit einem Messer in gleichmäßige Stücke schneiden. Die Maki Sushi nach Belieben in Zuckerstreuseln, gehackten Nüssen oder geraspelter Schokolade wälzen.

Die Sweet Sushi auf einer Platte anrichten oder in einer To-go-Box verpacken, Stäbchen dazulegen und einen Dip (siehe Tipp) bereitstellen.

TIPP: *Ein ganz wunderbares „Wasabi" lässt sich aus gemahlenen Pistazien, gemischt mit Zucker und Crème fraîche, herstellen. Außerdem kann man geschmolzene Schokolade oder Fruchtsaucen als Dip anbieten.*

Rocky Rainbow Fudges

Sonnige Zeiten für alle Schokoliebhaber – der zarte Schmelz und der knackige Crunch der Fudges verwöhnen den Gaumen. Das Karamellkonfekt ist das perfekte Geschenk, falls man es nicht gleich selbst nascht.

Zubereitungszeit: 30 Minuten
Kühlzeit: mindestens 8 Stunden
Für 1 rechteckige Form
mit 18 x 20 cm
bzw. etwa 90 Stück

FÜR DIE DUNKLE SCHICHT

200 g Zartbitterkuvertüre
25 g Butter
⅔ Dose gezuckerte Kondensmilch
(Gesamtinhalt 400 g)
50 g Mandeln, gehackt
30 g Cornflakes

FÜR DIE HELLE SCHICHT

200 g weiße Kuvertüre
⅓ Dose gezuckerte Kondensmilch
(Gesamtinhalt 400 g)
1 EL abgeriebene Schale
von 1 unbehandelten Orange
150 g Frischkäse
2 EL Puderzucker
1 Tüte fruchtiger Knusper-Puffreis (42 g)

ZUM DEKORIEREN

50 g dunkle Kuvertüre
2–3 Tropfen Speiseöl,
mehr für die Form

Zuerst die Form leicht mit Speiseöl ausstreichen und mit Backpapier auslegen (dazu ein Stück für den Boden und vier Streifen für die Seiten zurechtschneiden; durch das Öl haftet es an den Seiten).

Für die dunkle Schicht die Kuvertüre hacken und mit der Butter und der Kondensmilch über dem Wasserbad unter Rühren schmelzen. Etwa 5 Minuten abkühlen lassen, dann mit den Mandeln und den Cornflakes mischen und als Boden in die vorbereitete Form füllen.

Für die helle Schicht die Kuvertüre grob hacken und mit der Kondensmilch und der Orangenschale über dem Wasserbad schmelzen. Den Frischkäse mit dem Puderzucker glatt rühren und untermischen. Zum Schluss den Puffreis einrühren und die Masse auf die dunkle Schicht geben.

Für die Deko die dunkle Kuvertüre hacken und mit dem Öl über dem Wasserbad schmelzen, glatt rühren und mithilfe eines Löffels über die Fudge träufeln. Die Form mindestens 8 Stunden, besser über Nacht, kühlen. Dann die Fudge mit einem Messer vom Rand der Form lösen, herausheben und in etwa 2 cm große Würfel schneiden.

TIPP: *Zutaten wie Mandeln oder Puffreis lassen sich beliebig durch Trockenfrüchte, Marshmallows oder Smarties austauschen. Die Schokoladenmassen kann man zusätzlich mit Espressopulver oder Likör verfeinern. Das Konfekt hält sich gut gekühlt etwa 2 Wochen.*

with Love

Ob Ganache, Fondant oder Frosting — Torten werden nur dann zu echten Prachtstücken, wenn das Drumherum perfekt ist. Die wichtigsten Infos und Tipps dazu findet ihr in diesem Kapitel.

Wichtige Basics

Tipps für Motivtorten

Tortendesign ist ein unendlich weites Feld kreativer Ideen, die umgesetzt werden möchten, und die Welt der Motivtorten ist einfach nur bunt und wunderschön.

Tortendesign ist wie eine Sucht, die einen, einmal gefangen, nie mehr loslässt. Und warum auch? Bei diesem tollen Hobby und perfekten Zeitvertrieb kann man endlich einmal seine Seele baumeln lassen und zur Ruhe kommen. Stress zu vermeiden ist mit folgenden Tipps kein Problem. Außerdem wird das Gestalten und Dekorieren von Motivtorten von mal zu mal einfacher und man bekommt einen guten Blick fürs Wesentliche. Übrigens: Kleine Fehler sieht man meist nur selbst und der Beschenkte bzw. alle Mitessenden freuen sich ganz bestimmt riesig über das einzigartige Kunstwerk!

VORARBEIT

Für wen und zu welchem Anlass soll die Torte entstehen? Machen Sie sich rechtzeitig darüber Gedanken! Steht das Thema fest, sollte man überlegen, wie man es am besten umsetzt und vielleicht sogar eine Skizze dazu anfertigen. Dann werden alle Utensilien besorgt und bereit gelegt. Am besten plant man immer etwas mehr Zeit ein, damit auch Unvorhergesehenes nicht zum Problem wird. Im Idealfall schaffen Sie es vielleicht sogar, eine Probetorte zu backen, um optimal vorbereitet zu sein.

DER PERFEKTE ZEITPLAN

In der Realität sieht es meist so aus, dass die Torte doch mehr Zeit in Anspruch nimmt, als geplant. Die „3-Tage-Regel" ist ein Anhaltspunkt, wie man sich die Zeit einteilt, das hängt aber auch immer von den persönlichen Umständen ab. Ganz wichtig ist nur, dass man nicht versucht, alles an einem Tag zu machen, denn dann haben die einzelnen Elemente nicht genügend Zeit, festzu-

werden. Stellen Sie also Dekoelemente wie Tortenfiguren etc. schon frühzeitig fertig, denn die halten sich, einmal getrocknet, sehr gut.

DIE „3-TAGE-REGEL"

Tag 1: Heute werden die Böden gebacken. Gerade Biskuit benötigt genügend Zeit zum Abkühlen, damit er beim Schneiden nicht so stark krümelt. (Keine Sorge, die meisten Kuchen halten sich luftdicht in Frischhaltefolie und zusätzlich in einem Plastikbehälter verpackt bis zu 1 Woche im Kühlschrank und bis zu 1 Monat in der Gefriertruhe!)

Tag 2: Morgens den Kuchen waagerecht halbieren, einen Tortenring darum stellen und befüllen. Die Füllung bis zum Abend im Kühlschrank fest werden lassen. Den Kuchen mit der Ganache fondanttauglich machen und diese über Nacht fest werden lassen. Dazu die Torte in den Kühlschrank stellen, aber nicht abdecken, da sich sonst Kondenswasser niederschlagen könnte!

Tag 3: Die Torte mit dem Fondant überziehen und dekorieren. Bis zum Verzehr kühlen.

DIE RICHTIGE LAGERUNG

Die Torte muss bis zum Verzehr gekühlt werden, am besten im Kühlschrank (in dem sich keine stark riechenden Speisen befinden sollten). Das Allerwichtigste ist dabei, sie auf gar keinen Fall abzudecken! Denn dann würde sich unter dem Deckel innen Kondenswasser bilden und auf die Torte niederschlagen, was den Fondant durchweichen würde. Tortenreste lassen sich mitsamt Fondant in einer Plastikdose einfrieren und bei Bedarf bei Zimmertemperatur langsam wieder auftauen.

Grundrezepte

Hier finden Sie je ein Grundrezept für einen Tortenboden nebst Tipp für eine feine Quarkfüllung sowie für Kekse mit Gelinggarantie.

Eine Torte soll nicht nur schön sein, sondern vor allem richtig gut schmecken. Grundsätzlich kann man unter dem Fondant jedes beliebige Rezept für den Teig und die Füllung verwenden, man muss die Torte nur nach außen hin „abdichten", also fondanttauglich machen. Dazu verwendet man am besten eine Ganache (siehe Seite 165). Hier wird ein Basisrezept für einen Tortenboden vorgestellt, der universell einsetzbar ist und einfach immer gelingt. In diesem Buch bildet er die Grundlage für die Motivtorten auf den Seiten 108 und 136.

GRUNDREZEPT MANDELBISKUIT
Für 2 Springformen mit 18 cm Ø

4 Eier
1 Prise Salz
140 g Zucker
1 Pck. Vanillezucker
125 g Mehl
1 gestr. TL Backpulver
100 g Mandeln, gemahlen

Den Backofen auf 160 °C Umluft vorheizen. Den Boden der Springformen mit Backpapier belegen. Die Eier trennen und das Eiweiß mit dem Salz steif schlagen. Dann langsam den Zucker einrieseln lassen. Das Eigelb und den Vanillezucker unterrühren. Das Mehl mit dem Backpulver und den Mandeln mischen und vorsichtig unterheben. Den Teig auf die beiden Springformen verteilen und nebeneinander (oder in einer Form nacheinander) 15–20 Minuten backen. Die Garprobe machen (siehe Seite 120). Auskühlen lassen und jeden Boden einmal waagerecht halbieren.
TIPP: Der Mandelbiskuit kann beliebig gefüllt werden, z.B. mit Mandarinen-Quark-Sahne. Dazu 1 kleine Dose Mandarinen abtropfen lassen (den Saft auffangen) und 1½ Pck. Gelatinepulver in wenig lauwarmem Wasser einweichen. 500 g Quark, 80 g Zucker, 1 Pck. Vanillezucker, etwas Zitronenschale, 3 EL Zitronensaft und 2 EL Mandarinensaft verrühren. Die aufgelöste Gelatine unterrühren. Etwa 400 ml Sahne steif schlagen und unterheben. Die abgetropften Mandarinen dazugeben. Die Masse 40–50 Minuten kühl stellen, bis sie anfängt zu gelieren, dann die Torte schichten.

GRUNDREZEPT KEKSE
Für etwa 20 Stück

120 g weiche Butter
120 g Zucker
1 Pck. Vanillezucker
1 Ei
250 g Mehl, mehr zum Verarbeiten

Die Butter mit dem Zucker und dem Vanillezucker mit dem Schneebesen oder Handrührgerät cremig schlagen, dann das Ei dazugeben. Nach und nach das Mehl darüber sieben und einkneten. Ist die gesamte Mehlmenge verarbeitet, den Teig rasch verkneten (nicht zu lange bearbeiten, sonst wird er später spröde und trocken), zu einer Kugel formen und in Frischhaltefolie gewickelt etwa 1 Stunde im Kühlschrank ruhen lassen.
Den Backofen auf 165 °C Umluft vorheizen. Den Teig auf einer mit Mehl bestaubten Arbeitsfläche 3–4 mm dick ausrollen und nach Belieben ausstechen. Auf ein mit Backpapier belegtes Backblech legen und im heißen Ofen etwa 7 Minuten backen. Herausnehmen, bevor (!) die Ränder braun werden. Sofort vom Blech gleiten und auskühlen lassen.

Royal Icing

Diese Eiweiß-Spritzmasse ist unglaublich universell einsetzbar, ob zum Dekorieren mit Spritzbeutel und Tülle auf Torten oder Keksen oder zum Fixieren einzelner Teile wie Blüten auf einer Torte. Da die Masse an der Luft sehr schnell trocknet, muss sie immer mit etwas Frischhaltefolie abgedeckt werden.

BASISREZEPT ROYAL ICING

Für 1 Portion

1 Eiweiß (Größe M; oder Trockeneiweiß, wobei 10 g Pulver = 1 frisches Eiweiß)
1 Prise Salz
250 g Puderzucker
2 EL klarer Zuckersirup
1–2 EL Zitronensaft

Das Eiweiß mit dem Salz steif schlagen (Abb. 1). Nach und nach den Puderzucker direkt in den Eischnee sieben (Abb. 2). Das Handrührgerät oder den Mixer auf niedriger Stufe laufen lassen, dann den Sirup und Zitronensaft langsam hinzufügen (Abb. 3). Jetzt alles auf höchster Stufe aufschlagen, bis sich weiche Spitzen zeigen (Abb. 4), die stehenbleiben und sich leicht zur Seite neigen (Abb. 5). Die Masse in einen Spritzbeutel mit Tülle oder einen Gefrierbeutel füllen oder ein Blatt Papier zu einer Tüte aufrollen und unten ein Löchlein frei lassen. Möchte man sich Zeit lassen, ist eine Spritzflasche zu empfehlen (Abb. 6), bei der man das Löchlein mit etwas Alufolie abdeckt, damit die Masse nicht austrocknet (Abb. 7).

ROYAL ICING EINFÄRBEN

Dafür verwendet man Pasten- bzw. Gelfarben (siehe Seite 177). Man kann entweder die gesamte Menge sofort einfärben oder aber erst weißes Royal Icing herstellen und dann nur kleinere Mengen in den gewünschten Farbtönen einfärben.

KONSISTENZ

Sie spielt bei der Dekoration von Keksen oder Torten eine wichtige Rolle.

„Stiff-peak"-Konsistenz: Sehr fest; die Zutaten werden ohne weitere Flüssigkeitszugabe zusammengemischt. Zum Spritzen von Blüten und Blättern.

„Soft-peak"-Konsistenz: Weicher als „Stiff peak"; es werden ein paar Tropfen Flüssigkeit (Wasser oder Zitronensaft) dazugegeben. Für Außenumrandungen, Punkte und Kantenlinien.

„Runny"-Konsistenz: Dickflüssig, indem weitere Tropfen Flüssigkeit dazugegeben werden. Zum Ausfüllen von Innenräumen.

KEKSE DEKORIEREN

Nach dem Anmischen des Royal Icings wenige Tropfen Wasser oder Zitronensaft hinzufügen, um die „Soft-peak"-Konsistenz zu erreichen. Damit spritzt man das „Piping", d.h. die Außenumrandung bei Keksen. Alles gut trocknen lassen. Möchte man im nächsten Schritt die Oberfläche der Kekse ausfüllen, muss das Icing weiter verdünnt werden, aber wieder nur tröpfchenweise, bis eine dickflüssige Konsistenz („Runny") erreicht ist. Jetzt auf die Zwischenflächen auftragen und mit einem Zahnstocher oder einem anderen Tool die „Pfützen" miteinander verbinden. Man kann zudem den Keks leicht rütteln, dann verteilt sich alles schön gleichmäßig. Kleine Luftbläschen, die eventuell auftreten, sofort mit dem Zahnstocher aufstechen. Alles gut trocknen lassen. Möchte man darauf „zeichnen", also weitere Muster anbringen, dann immer alles gut trocknen lassen.

Royal Icing
ist universell
einsetzbar und
verziert sowohl
Kekse als
auch Torten.

Je glatter die Ganacheschicht, desto ebenmäßiger wird später der Fondantüberzug.

Ganache

Eine Ganache – ein fester Schokoladenüberzug – schützt die Torte, hält sie schön saftig und stabilisiert sie, sodass man sie einfacher dekorieren kann, ohne dass sie sich verformt. Außerdem dient sie als eine Art „Spachtelmasse", um Risse, Löcher und Unebenheiten in den Tortenböden auszugleichen. Sie bindet Krümel und bildet somit (wie Buttercreme, die eine Alternative zur Ganache darstellt) eine wunderbar glatte und ebenmäßige Oberfläche für den Fondant.

BASISREZEPT GANACHE
Für 1 Torte mit 22 cm Ø

DUNKLE GANACHE:

400 g Zartbitterkuvertüre, 200 ml Sahne

HELLE GANACHE:

600 g helle Schokolade oder Kuvertüre, 200 ml Sahne

Die Sahne in einem Topf zum Kochen bringen. Die Schokolade oder Kuvertüre grob hacken. (Abb. 1)

Die Schokolade in die heiße Sahne geben (oder umgekehrt) und etwa 3 Minuten stehen lassen, bis sich die Schokolade fast aufgelöst hat. (Abb. 2)

Mit einem Löffel oder Schneebesen kräftig und sehr gründlich auch am Topf- oder Schüsselrand und am Boden rühren, bis die Ganache glatt und schön cremig ist. Etwas abkühlen lassen, bis sie in etwa die streichfähige Konsistenz von Nuss-Nugat-Creme hat. (Abb. 3)

Zum Auftragen der Ganache alle benötigten Hilfsmittel bereitstellen. Ganz wichtig ist eine Tortenkarte oder ein Tortenheber sowie ein langes, breites Messer. Die Torte am besten auf eine drehbare Tortenplatte oder ein Cake Board stellen, das erleichtert die Arbeit (Abb. 4).

Zuerst etwas Ganache oben auf die Torte auftragen und gleichmäßig verstreichen. (Abb. 5)

Um die Seiten zu bestreichen, eine Tortenkarte (oder einen Tortenheber) im rechten Winkel an die Torte halten, langsam rings um die Torte fahren und die überschüssige Ganache abtragen (Abb. 6).

Bis die Torte perfekt glatt und gerade ist (Abb. 7), muss man diesen Vorgang eventuell wiederholen. Dazu die Torte mit der ersten Schicht Ganache für 5–10 Minuten in den Kühlschrank stellen, dann die Arbeitsgänge wiederholen.

Zum Schluss ein langes Messer für einige Sekunden in kochendes Wasser tauchen, abtrocknen und noch heiß über die Tortenoberfläche ziehen (Abb. 8).

Die Torte zum Festwerden am besten über Nacht in den Kühlschrank stellen und 1 Stunde, bevor der Fondant aufgetragen werden soll, wieder herausnehmen, damit das Kondenswasser abtrocknen kann und später nicht den Fondant durchweicht.

TIPP: *Die Ganache hält sich etwa 1 Woche im Kühlschrank (vorausgesetzt, die verwendete Sahne ist noch entsprechend lange haltbar) und mehrere Monate im Gefrierfach. Reste können problemlos eingefroren und später wieder verwendet werden.*

Cake Board

Um eine Torte schön zu präsentieren, eignen sich Tortenständer oder sogenannte Cake Boards, die in allen Tortenshops erhältlich sind.

ÜBERZUG

Für 1 Cake Board mit 26 bis 28 cm Ø

etwa 500 g Fondant (siehe Seite 168)

Cake Boards sind fest gepresste Platten aus Pappe, die mit einer Folie überzogen sind und daher auch mehrmals verwendet werden können (Abb. 1). Es gibt sie in allen erdenklichen Größen und Formaten zu kaufen.

Zum Überziehen mit Fondant das Cake Board leicht mit Wasser befeuchten, damit der Fondant besser haftet. Zum Dekorieren verwendet man farblich auf die Torte abgestimmten Fondant. Die geschmeidig geknetete Kugel direkt auf das Cake Board legen und dort ausrollen (Abb. 2 und 3).

Mit dem Smoother glätten. Mit einem schräg gehaltenen Smoother am Rand entlangfahren (Abb. 4), den überstehenden Fondant abschneiden und die Kante eventuell noch mit einem glatten Messer begradigen. Alternativ kann man den Rand ebenfalls mit Fondant überziehen, dann darf er nicht zu kurz abgeschnitten werden.

Für ein zusätzliches, individuelles Design die Oberfläche mit Prägematten oder Ausstechern bearbeiten (Abb. 5 und 6).

Ist der Rand nicht mit Fondant überzogen, ist ein Satinbändchen, das man auf die richtige Länge einkürzt und mit einem Klebestift auf dem Rand befestigt, eine hübsche Verzierung (alternativ selbstklebende Tapes verwenden). Kurz trocknen lassen, dann die Torte mittig darauf positionieren.

TIPP: *Ist der Cake-Board-Überzug am Rand nicht perfekt geworden, kann man ihn mit einem dekorativen Element, beispielsweise einer Bordüre, kaschieren.*

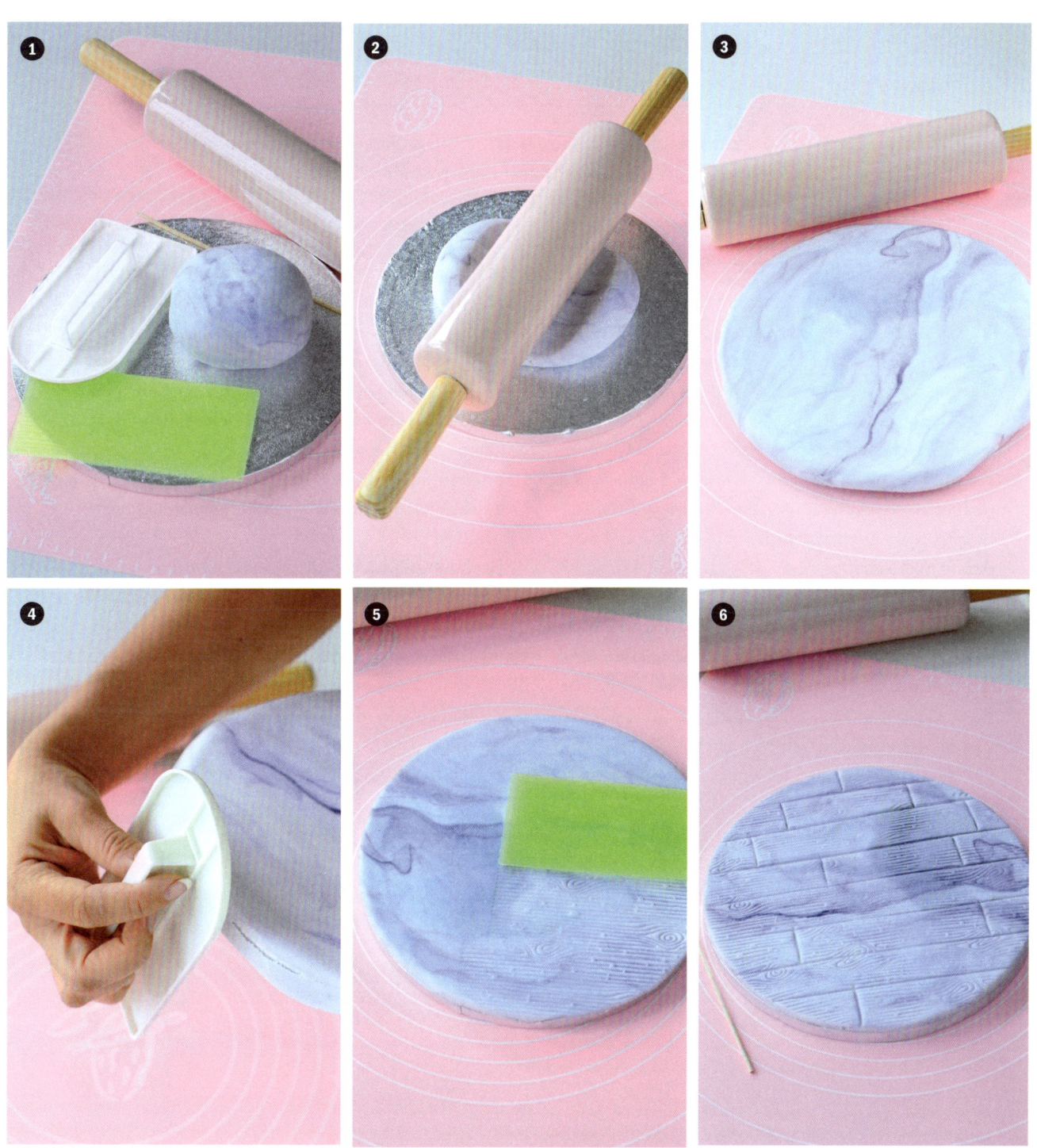

Ein hübsch dekoriertes Cake Board
unterstreicht die Gesamtkomposition der Torte.

Fondant

Die Basis für jede Motivtorte bildet der Fondant. Diese weiche, ausrollbare Zuckermasse kann universell eingesetzt werden.

Obwohl selbst herstellbar, empfehle ich gekauften Fondant, da die Qualität dann immer gleichbleibend gut ist. Er ist in allen Farben erhältlich, doch ich bevorzuge weißen Fondant und färbe ihn mit Pastenfarben im Wunschton ein. Die benötigte Menge richtet sich nach der Dicke des Überzugs und der Größe der Torte (Richtwert: etwa 1 kg Fondant für eine Torte mit 26 oder 28 cm Ø). Da Fondant schnell trocknet, muss er zügig verarbeitet werden, sonst bekommt er Risse. Reste lassen sich in Frischhaltefolie oder luftdichten Behältern bei Zimmertemperatur oder im Kühlschrank einige Wochen aufbewahren.

Zuerst den Fondant mit den Händen geschmeidig kneten (Abb. 1), dann nach Belieben einfärben. Beim Kneten aufpassen, dass sich keine Luftblasen bilden.

Den gekneteten Fondant mit einem Ausrollstab oder mit der Teigrolle auf leicht mit Speisestärke bestaubter Arbeitsfläche 2–3 mm dick ausrollen (Abb. 2). Dabei immer die Tortenhöhe beachten und zusätzlich die Seitenhöhe mit einrechnen. Das heißt, die Torte wird immer größer als notwendig ausgerollt. Überflüssiges Material schneidet man später ab. Wichtig: Beim Ausrollen immer nur von vorn nach hinten, nicht seitlich rollen, dann den Fondant mit beiden Händen anheben und um etwa 45 Grad nach rechts drehen. Dann wieder von vorn nach hinten rollen. So wird gewährleistet, dass am Ende ein Kreis entsteht.

Den Fondant locker um den Ausrollstab wickeln und damit ganz vorsichtig über die Torte heben (Abb. 3).

Mit den Händen über die Oberfläche fahren und den Kuchenrand befestigen (Abb. 4 und 5). Mit dem Smoother darüber fahren (Abb. 6 und 7).

Sollte er an der Oberfläche festkleben, mit einem Hauch Speisestärke abpudern.

Jetzt mit den Händen die Seiten andrücken. Dabei an einer Seite beginnen und die Falten nach links und rechts verteilen. Den Fondant unten am Rand fest drücken. Überschüssiges Material mit einem Messer oder einem Blade Tool abschneiden (Abb. 8). Dabei nicht zu dicht am unteren Rand schneiden, da der Fondant noch etwas schrumpft.

Mit dem Smoother am oberen Rand einen rechten Winkel formen und alles mit leichtem Druck glätten (Abb. 9).

Wenn der Fondant schon leicht angetrocknet ist, noch ganz vorsichtig und ohne Druck mit sauberen, trockenen Händen über die Fondantoberfläche streichen (Abb. 10). Eventuell vorhandene Blasen mit einer Nadel aufstechen und vorsichtig mit dem Smoother darüber fahren, um sie zu schließen.

MODELLIERFONDANT

Aus Modellierfondant werden Figuren und Dekoteile geknetet. Er trocknet nicht zu schnell, sodass man in Ruhe an seinen Figuren arbeiten kann, und stabilisiert gut (Zahnstocher oder Spaghettistücke können größere Figuren zusätzlich stützen). Einfacher Fondant würde die Figur zusammensacken lassen und gar nicht oder nur sehr langsam trocknen.

Um guten Modellierfondant herzustellen, etwa 250 g Fondant mit 1 TL CMC-Pulver (siehe Seite 176) mischen und gut verkneten, oder „normalen" Fondant und Blütenpaste (siehe Seite 176) im Verhältnis 1:1 mischen.

Fertige Blüten und Figuren sind bei trockener und lichtgeschützter Lagerung sehr lange haltbar und lassen sich daher wunderbar vorbereiten.

Eine Creme – unendlich viele Tortendesigns.

Frosting

„Frosting" ist nicht nur der englische Begriff für eine köstliche Creme aus Frischkäse, Quarksahne oder Buttercreme. Ein Frosting bietet auch die perfekte Gelegenheit, mit nur wenigen Handgriffen schlichte Torten oder Cupcakes in echte Kunstwerke zu verwandeln.

GRUNDREZEPT FRISCHKÄSE-FROSTING

Für 1 Torte mit 20 cm Ø oder 12 Cupcakes

250 g Frischkäse
1 Pck. Vanillezucker
etwa 200 g Puderzucker

Den Frischkäse mit dem Vanillezucker mit den Rührbesen des Handrührgeräts aufschlagen. Nach und nach so viel Puderzucker unterrühren, bis die gewünschte Konsistenz erreicht ist.

GRUNDREZEPT BUTTERCREME-FROSTING

Für 1 Torte mit 20 cm Ø oder 12 Cupcakes

180 g weiche Butter
1 Pck. Vanillezucker
etwa 220 g Puderzucker

Die Butter und den Vanillezucker mit den Rührbesen des Handrührgeräts mehrere Minuten weißlich-schaumig aufschlagen. Nach und nach so viel Puderzucker hinzufügen, bis das Frosting die gewünschte Konsistenz erreicht hat. Erscheint es zu weich, kann es bis zum Auftragen für einige Minuten in den Kühlschrank gestellt werden.

FROSTING-DESIGN

Man benötigt für hübsche Designs nicht viel, entweder eine gezackte oder glatte Tortenkarte (Abb. 1 und 2) oder eine Alternative aus der Küche. Ich verwende z.B. das Ende eines Tortenhebers oder ein sehr breites Messer für die Streifen (Abb. 3 und 4).

Zum Herstellen des Spritzmusters (Abb. 5) braucht man entweder einen Spritzbeutel mit Sterntülle oder einen Gefrierbeutel, bei dem eine Ecke abgeschnitten und an dieser Stelle die Spritztülle hineingesteckt wird. Zum besseren Einfüllen des Frostings legt man den Spritz- oder Gefrierbeutel am besten in einen Messbecher und zieht die Ränder über den Becherrand.

TIPP: *Beide Frosting-Variationen lassen sich durch die Zugabe von etwa 150 g frischen Beeren, 3 EL Konfitüre, 1 EL Zitronen-, Limetten- oder Orangenschale oder etwa 70 g gemahlenen Nüssen abwandeln. Auch 3 EL frisch gekochter, starker Espresso oder Likör verfeinern das Aroma.*

Cake Topper

Let's top it! Auch die einfachsten und schlichtesten Kuchen lassen sich mit nur wenigen Handgriffen und den richtigen Torten-Toppern kreativ in Szene setzen. Ob gekaufte oder selbst gefertigte Ornamente, der Fantasie sind keine Grenzen gesetzt. Am besten orientiert man sich am Anlass.

Girlanden aus bunten Pompons gibt es fertig zu kaufen, man kann sie aber auch leicht selbst herstellen. Dazu etwas Seidenpapier in Streifen schneiden, an einer Schnur befestigen und diese an zwei Schaschlikstäbchen anbringen. Die Stäbe in die Torte stecken (Abb. 1).

Auch „Chalkboards" bzw. Kreidetafeln gibt es im Handel. Für eine Eigenkreation aus stabilem Karton oder dünnem Holz eine Tafel im Wunschdesign ausschneiden und mit schwarzer Kreidefarbe bemalen. Trocknen lassen und mit Kreide beschriften (Abb. 2).

Kronkorken können ebenfalls eine Torte verschönern: säubern und ein kleines Loch am Rand hineinbohren. Mit Lackspray besprühen oder mit Lack bemalen und trocknen lassen. Ein Schaschlikstäbchen durch das Loch führen und mit Heißklebepistole oder Kleber festkleben. Die Oberfläche mit Stempeln, Aufklebern und Schleifchen verzieren (Abb. 3). Für die Girlande dazwischen (Abb. 4) habe ich die in Baumärkten in der Abteilung „Wandfarben" erhältlichen Farbskalen verwendet. Mit einem Motivlocher (hier „Herz") beliebige Formen ausstanzen und diese an einem Band festkleben. Das Band um die Stäbchen knoten.

Kleine Windrädchen bzw. Falträdchen gibt es zu kaufen, sind aber auch im Nu selbst hergestellt. Dazu Seidenpapier zu einem Fächer falten und die Enden zusammenkleben. Auf einem Zahnstocher fixieren, fertig (Abb. 5).

Allgemeine Schriftzüge sind im Handel erhältlich, individualisierte Schriftzüge wie dieses „Pink Sugar" (Abb. 6) kann man anfertigen lassen. Schriftzüge gibt es in allen Größen und Farben, sie eignen sich ganz besonders für Hochzeiten und Geburtstage.

Aus einem Stück Blumendraht, der zu einem Herz gebogen und mit einem echten Blätterzweig umwickelt wird, lässt sich eine besonders natürliche Deko zaubern (Abb. 7). Der davor befindliche „Love"-Schriftzug (Abb. 8) ist ebenfalls aus Draht gefertigt, wurde aber statt mit Blättern mit Zeitungspapier umwickelt, das mit etwas Kleber fixiert wurde. Die glitzernden Initialen kann man kaufen. Alternativ beklebt man ein dünnes Stück Pappe mit Glitzersteinen.

Steht eine tolle Reise oder Willkommensparty vor der Tür, kann man symbolisch ein paar Briefmarken an einem hübschen Band befestigen, das dann an zwei Schaschlikstäbchen oder farblich passenden Papierstrohhalmen angebracht wird (Abb. 9).

WERKZEUGE UND ZUBEHÖR FÜR DIE TORTENDEKORATION

1. Gebrauchsfertiger Fondant
2. Gebrauchsfertige Blütenpaste
3. Silikonmatte
4. Ausrollstab groß
5. Ausrollstab klein
6. Prägestab
7. Cake Board
8. Satin-Schleifenband
9. Glätter (Smoother)
10. Tortenkarte
11. Tortensäge
12. Schaumstoffpad
13. Schaumstoffmatte
14. Prägematte (hier „Holz")
15. Silikonmould
16. Puderfarben
17. Pastenfarben
18. Lebensmittelstifte
19. Klarer Alkohol
20. Pipette
21. Malpalette
22. Pinsel in unterschied-lichen Stärken
23. Zahnstocher
24. Wattestäbchen
25. CMC-Pulver
26. Zuckerkleber
27. Speisestärke / Bäckerstärke
28. Neutrales softes Speisefett
29. Zuckerperlen
30. Schere
31. Skalpell
32. Tools (Blade Tool, Ball Tool, Dresden Tool)
33. Papierummantelter Blumendraht (26–28er gauge)
34. Zange
35. Floristenband
36. Buffer
37. Universalveiner
38. Ausstecher mit Auswerfer
39. Diverse Kunststoff- oder Metallausstecher

Glossar

Alkohol, klarer (19) – Erhält man in Apotheken oder man verwendet ersatzweise Wodka. Damit in der Malpalette die Pulverfarben verdünnen und zu einer malfähigen Paste anmischen. Nimmt man mehr Alkohol, ähnelt die Farbe eher der Aquarellmalerei, je weniger Alkohol, desto intensiver auch die Farbe. Der Alkohol verdunstet an der Luft und die Farbe trocknet auf der Torte.

Ausrollstab groß (4) – Zum Ausrollen von Teigen und *Fondant,* außerdem ein hilfreiches Werkzeug, um die Teig- oder Fondantplatte in die Backform bzw. auf die vorbereitete Torte zu heben.

Ausrollstab klein (5) – Für kleinere Modellierarbeiten bei Blüten und Verzierungen, kann für *Fondant* und *Blütenpaste* genutzt werden.

Ausstecher mit Auswerfer (38) –Ausstecher mit integrierter kleiner Feder, um die ausgestochene Form wieder herausdrücken zu können.

Ball Tool (32) – Hat an den zwei Enden unterschiedlich große Bällchen. Damit streicht man vorsichtig über die ausgestochenen Blütenblätter und dünnt sie aus. Dadurch erhalten sie einen wunderbaren, natürlichen Schwung. Die ganz kleinen Enden eignen sich zudem hervorragend, um tiefere Augenhöhlen bei größeren Figuren zu prägen.

Blade Tool (32) – Ist wie ein Messer geformt und wird zum Schneiden von *Fondant* und *Blütenpaste* verwendet. Es dient auch dem Einritzen von Mustern. Das andere Ende ist das „Shell tool" und wird zum Prägen von muschelartigen Streifenmustern verwendet.

Blumendraht, papierummantelt (33) (26–28er gauge) – Wird bei der Zuckerblütenherstellung verwendet. Die einzelnen Blütenblätter werden jeweils gedrahtet und dann mithilfe von *Floristenband* zusammengebunden. So entsteht entweder eine einzelne aufwändigere Blüte oder sogar ein ganzes Gesteck. Grundsätzlich gilt, je größer und schwerer die Blüte, desto dicker muss der Draht sein. Der Dickegrad wird in „gauge" gemessen, wobei gilt: je niedriger die Zahl, desto dicker der Draht. Die gängigsten Stärken sind 26 bzw. 28 gauge. Die Drähte müssen vor dem Verzehr entfernt werden.

Blütenpaste (2) – Essbare, reinweiße Masse, unentbehrlich für filigrane Modellierarbeiten wie Zuckerblüten sowie zur Herstellung von Modellierfondant. Trocknet schnell sehr hart aus und lässt sich hauchdünn ausrollen. In Internetshops erhältlich.

Buffer (36) – Sehr feine Feile, mit der man nach dem kompletten Austrocknen der Blüten vorsichtig über die Ränder streichen kann, um Unebenheiten zu entfernen. Im Fingernagelbedarf erhältlich.

Cake Board (7) – Präsentationsplatte aus gepresster Pappe, dient als Unterlage für die Torte, kann durch ihre optische Gestaltung das Design der Torte unterstreichen. Zudem kann die Torte damit direkt serviert oder sogar transportiert werden. (Siehe auch Seite 166.)

CMC-Pulver (25) – Dient der Herstellung von *Zuckerkleber* und *Blütenpaste* und gibt durch Einarbeiten in *Fondant* diesem die nötige Stabilität, um Figuren herzustellen. Dabei handelt es sich um „Carboxymethylcellulose", einen in der EU zugelassenen Lebensmittelzusatzstoff. Alternativ kann man auch Tragant-Pulver verwenden.

Cone Tool (32) – Das glatte Ende wird zum Herstellen von Blütenblättern verwendet, es dünnt die Ränder aus. Das andere Ende ist wie eine Zwiebel und läuft spitz zu. Es hat kleine Zacken und man formt damit das Blüteninnere oder die Stielansätze bei Obst. Man kann auch kleine Sternchenmuster prägen oder Stellen markieren.

Dresden Tool (32) – Das eine Ende ist flach und spitz, das andere spitz. Das abgeflachte Ende verwendet man zum Abflachen von Blütenblättern. Mit dem spitzen Ende kann man hervorragend einzelne Blütenadern herausarbeiten und nachziehen oder auch einfach kleine Punkte setzen.

Floristenband („Floral Tape") (35) – Dehnbares (grünes) Papierklebeband zum Zusammenbinden der *Blumendrähte*, wird mithilfe der Schere abgeschnitten und der Länge nach noch einmal halbiert. Dann um die zusammengehaltenen Drähte wickeln und etwas Zug darauf ausüben, so wird der darin enthaltene Kleber aktiviert und alles hält gut zusammen.

Fondant/Modellierfondant (1) – Fondant ist eine essbare, zuckerhaltige Überzugsmasse zum Eindecken einer Torte. Zu gleichen Teilen mit *Blütenpaste* gemischt heißt er „Modellierfondant" und wird zur Herstellung von Figuren verwendet. Fondant gibt es in Weiß oder schon farbig in Internetshops. (Siehe auch Seite 168.)

Glätter (Smoother) (9) – Ein meist viereckiges, flaches Modellierwerkzeug aus Kunststoff mit Griff zum Glätten des *Fondants* auf der Torte bzw. auf dem *Cake Board*.

Kunststoff- oder Metallausstecher (39) – In vielen Formen und Größen erhältlich.

Lebensmittelstifte (18) – Sind einzeln oder im Set erhältlich und werden wie Filzstifte verwendet, nur dass sie mit essbarer Lebensmittelfarbe gefüllt sind. Haben meist ein dickes und ein dünnes Ende und dienen dem Bemalen und Beschriften auf *Fondant*.

Malpalette (21) – Zum Anmischen der Pulverfarben mit *Alkohol*.

Pastenfarben (17) – Werden oft auch als Gelfarben bezeichnet. Sie sind sehr intensiv und ergiebig, sodass man zunächst nur eine stecknadelkopfgroße Menge entnimmt und nur bei Bedarf mehr hinzufügt. Damit färbt man *Fondant* oder *Blütenpaste*, aber auch Teige ein. Sie sind untereinander mischbar, natürlich essbar und von vielen Anbietern erhältlich. Sehr schöne, hochwertige Farben gibt es z.B. von der Firma Wilton oder RD ProGel.

Pinsel in unterschiedlichen Stärken (22) – Zum Bemalen von Einzelteilen, Gesichtern oder der Tortenoberfläche.

Pipette (20) – Zum einfacheren Dosieren des klaren Alkohols beim Anmischen der Pulverfarben; in Apotheken erhältlich.

Prägematte (14) (hier „Holz") – Gibt es in allen erdenklichen Designs wie Steine, Strickmuster, Zaun … Sie ist aus Kunststoff und erzeugt auf *Fondant* eine schöne Oberfläche, indem man sie darauf legt und vorsichtig mit einem *kleinen Ausrollstab* darüber rollt.

Prägestab (6) – Zum Erzeugen einer hübschen Oberfläche, für *Fondant* und *Blütenpaste* geeignet. Mit diversen Motiven erhältlich.

Puderfarben (16) – Universell einsetzbare Lebensmittelfarbe in pulverisierter Form. Kann mit einem sauberen, weichen Pinsel direkt auf den *Fondant* oder die *Blütenpaste* aufgetragen werden (in der Fachsprache heißt das „bestäuben"). Dadurch erhält man schöne, natürliche Farbübergänge. Werden sie mit etwas Alkohol verdünnt, kann man sie zum Bemalen von Gesichtern und Blüten verwenden. Die Firma Rainbow Dust ist u.a. eine gute Bezugsquelle.

Satin-Schleifenband (8) – Zum Verzieren des *Cake-Board*-Randes; kann mit einem Klebestift oder mit doppelseitigem Klebeband festgeklebt werden. (Alternativ selbstklebende Tapes verwenden.)

Schaumstoffmatte (13) – Dient dazu, Blüten und Blätter in Form trocknen zu lassen. Diese legt man nach dem Ausstechen in die Mulden und so trocknen sie auch in gewölbter Form. (Alternative: Obstkarton aus dem Supermarkt.)

Schaumstoffpad (12) – Ist in Tortenshops erhältlich. Dient dem leichteren Bearbeiten der *Blütenpaste* nach dem Ausstechen von Blüten. Man streicht mit dem *Ball Tool* über die ausgestochenen Blütenblätter und durch den Druck auf die weiche Oberfläche ringeln sich die Ränder schön nach oben. Alternativ kann man auch einen dicken Schwamm verwenden.

Schere (30) – Nötig zum Durchtrennen von *Floristenband*, etc.

Silikonmatte (3) – Ist dank ihrer Antihaftbeschichtung ideal geeignet, um darauf *Fondant* oder *Blütenpaste* auszurollen.

Silikonmould (15) – In allen erdenklichen Formen erhältlich. Der *Fondant* oder die *Blütenpaste* wird in die leicht mit Speisestärke abgestäubte Form gedrückt. Dann überflüssiges Material abschneiden, die Form umdrehen und die Masse vorsichtig herausdrücken. Die so entstandenen Teile mit etwas *Zuckerkleber* vorsichtig auf der Torte festkleben.

Skalpell (31) – Für sehr saubere Schnitte bei *Fondant* oder *Blütenpaste*.

Speisefett, neutrales, weiß (28) – Gut geeignet ist u.a. Palmin soft. Das Fett dünn auf die Hände geben und damit die *Blütenpaste* oder den *Fondant* geschmeidig kneten

Speisestärke/Bäckerstärke (27) – Zum Abstäuben der Arbeitsoberfläche, damit der *Fondant* oder die *Blütenpaste* beim Ausrollen nicht anklebt. Auch die *Silikonmoulds* werden abgestäubt, damit die Masse nicht in den Formen haften bleibt. Am besten die Stärke in ein sauberes, durchlässiges Stoffsäckchen oder in einen Nylonstrumpf füllen und das Säckchen oben zusammenbinden; so ist die Stärke leichter zu dosieren und der Tisch bleibt sauber.

Tortenkarte (10) – Eine dünne, flexible Kunstoffkarte, meist mit einem rechten Winkel, die für das Aufstreichen von Ganache oder Frostings verwendet wird.

Tortensäge (11) – Zum Zurechtschneiden der Böden für die Torte.

Universalveiner (37) – Zum Prägen von Blütenblättern (z.B. Hibiskus-Blütenblatt); dazu den Veiner leicht mit Speisestärke abstäuben, das ausgestochene Teigblatt hineinlegen, zusammenpressen und wieder öffnen.

Wattestäbchen (24) – Falls beim Bemalen etwas daneben geht, kann man damit gut kleine Kleckse ausgleichen.

Zahnstocher (23) – Zum Prägen von kleinen Löchern bzw. zum Stabilisieren von Zuckerfiguren von innen (die Zahnstocher müssen vor Verzehr entfernt werden) oder zum Befestigen größerer Blüten auf der Torte.

Zange (34) – Nötig zum Durchtrennen und Biegen des *Blumendrahtes*.

Zuckerkleber (26) – Wird aus *CMC-Pulver* und Wasser hergestellt. Dafür etwa 50 ml abgekochtes Wasser mit ¼ TL CMC-Pulver in einem Gläschen mischen und etwa 10 Minuten stehen lassen, dann ist er gebrauchsfertig. Er ist essbar und dient zum Befestigen von Einzelteilen wie z.B. Blüten auf der Torte.

Zuckerperlen (29) – Ideal zum Verzieren des Blüteninneren oder als Augen bei Figuren. Sie werden mit *Zuckerkleber* befestigt und sind in unterschiedlichen Größen und Farben (sogar metallisch schillernd) erhältlich.

Rezeptverzeichnis

Adventspie mit Heidelbeeren	77	Mamma Mias Stracciatellakuchen	22
Apfel-Ricotta-Bites	99	Mandelbärchen	46
Apple Pies	52	Mandelbiskuit (Grundrezept)	160
Aprikosen-Blümchen	39	Milchreistorte mit Zimtstern	82
Baiser-Lollies	51	Mini-Schoko-Panettone	20
Biskuitrolle mit Erdbeeren	43	Molded Cookies	137
Blueberry Cheesecake	34	New York Cheesecake Cookies	31
Bread and Butter Pudding	71	Nuss-Trüffel-Torte	97
Browniemix im Glas	150	Nutella-Cupcakes mit Krokodilfiguren	48
Brush Embroidery Cookies	86	Nutella-Stern	88
Bûche de Noël	16	Oreo-Stempelkekse	44
Buttercreme-Frosting (Grundrezept)	171	Peanutbutter-Chocolate-Cookies	102
Cappuccino Pound Cake	105	Pflaumenkuchen mit Frangipane	94
Chocolate-Minz-Tarte	119	Ranunkelbouquet	138
Croquembouche	130	Rhabarber-Streusel-Muffins	12
Double-Chocolate-Cupcakes	91	Rocky Rainbow Fudges	152
Dulce-de-leche-Cake	122	Rosa Baiser-Baci	133
Erdbeer-Fondant-Cookies	60	Rosa Charlotte	15
Erdbeer-Piñata-Cake	62	Royal Icing (Grundrezept)	162
Erdbeer-Wolken-Kuchen	125	Russischer Zupfkuchen	25
Feine Zitronen-Cannelés	32	Schoko-Brownie-Mug-Cake	68
Frischkäse-Frosting (Grundrezept)	171	Schokoladen-Pistazien-Baklava	10
Fruchtige Erdbeer-Milchschnitten	40	Soft Amarettini	74
Füchschen-Kekse	59	Spekulatius-Apfel-Kuchen	106
Funfetti-Eistorte	56	Strawberry Cheesecake	116
Ganache (Grundrezept)	165	Sweet Sushi	151
Gató de almendra	26	Swirl-Cookies	54
Heidelbeer-Festtagstorte	72	Tarte Tatin mit Birnen	100
Himbeer-Butterkuchen	128	Tibor, der kleine Fuchs	108
Kanelknuter	28	Turrón – Rosa Nugat	147
Karottencupcakes	120	Vanillekipferl	78
Kekse (Grundrezept)	160	Zimtsterne	85
Kiss of a rose	126	Zitronen-Quark-Soufflés	144
Limetten-Marshmallow-Cupcakes	134	Zuckersüße Lebkuchenhäuschen	80

Vorlagen + Umrechnungshilfe

Die jeweilige Vorlage wird ganz einfach herauskopiert, ggf. vergrößert,
auf Pappe übertragen und ausgeschnitten

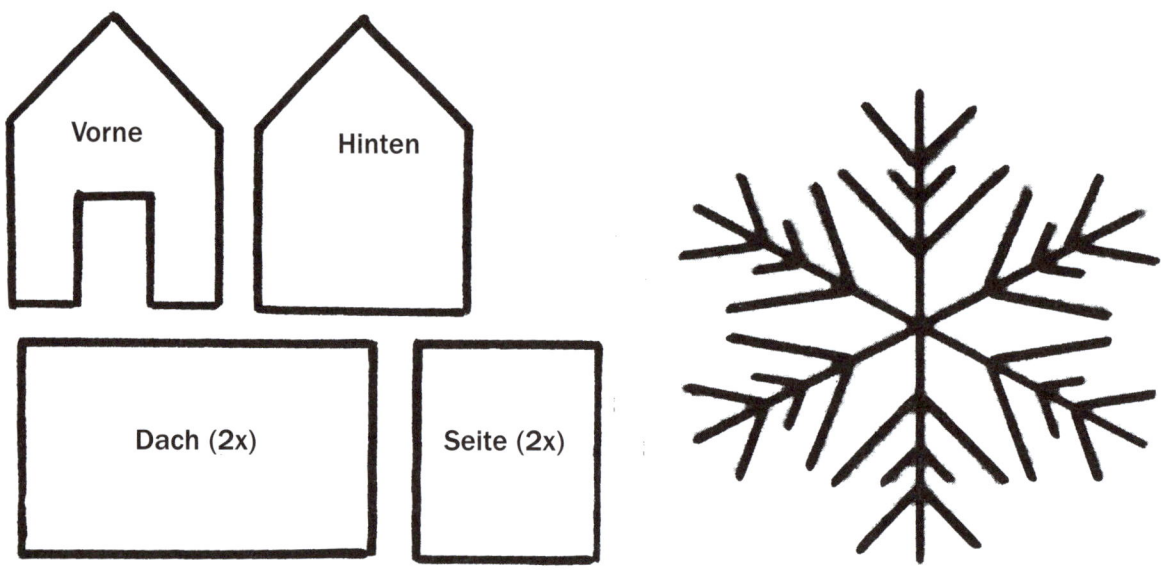

LEBKUCHENHÄUSCHEN

Vorlage für die Zuckersüßen Lebkuchen-
häuschen (siehe Seite 80).

SCHNEEFLOCKEN

Die Double-Chocolate-Cupcakes auf Seite 91
werden von einer Royal-Icing-Schneeflocke gekrönt.

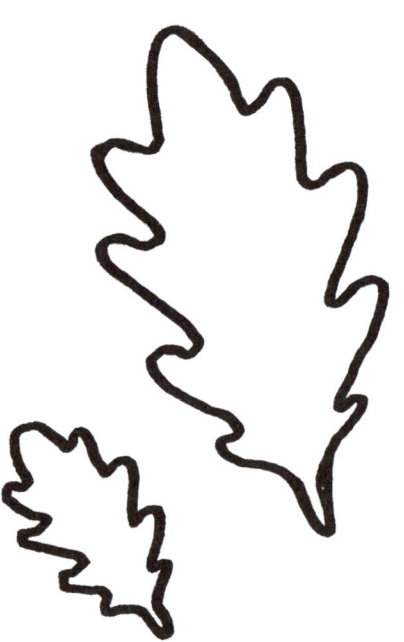

EICHEN-
EFEUBLÄTTER

Blattvorlagen für
Tibor, der kleine Fuchs
(siehe Seite 108).

		Backformgröße laut Rezept							
		18	20	22	24	26	28	30	32
	18	1	0,81	0,67	0,56	0,48	0,41	0,36	0,32
	20	1,23	1	0,83	0,7	0,6	0,51	0,44	0,39
	22	1,49	1,21	1	084	0,72	0,62	0,54	0,47
Gewünschte Größe	24	1,77	1,44	1,19	1	0,85	0,73	0,64	0,56
	26	2,08	1,69	1,39	1,17	1	0,86	0,75	0,66
	28	2,41	1,96	1,62	1,36	1,16	1	0,87	0,77
	30	2,77	2,25	1,86	1,56	1,33	1,15	1	0,88
	32	3,15	2,56	2,12	1,78	1,52	1,31	1,14	1

Um das Rezept an die eigene Form anzupassen, einfach jede einzelne Zutat im Rezept mit der in der Tabelle genannten Umrechnungszahl multiplizieren.

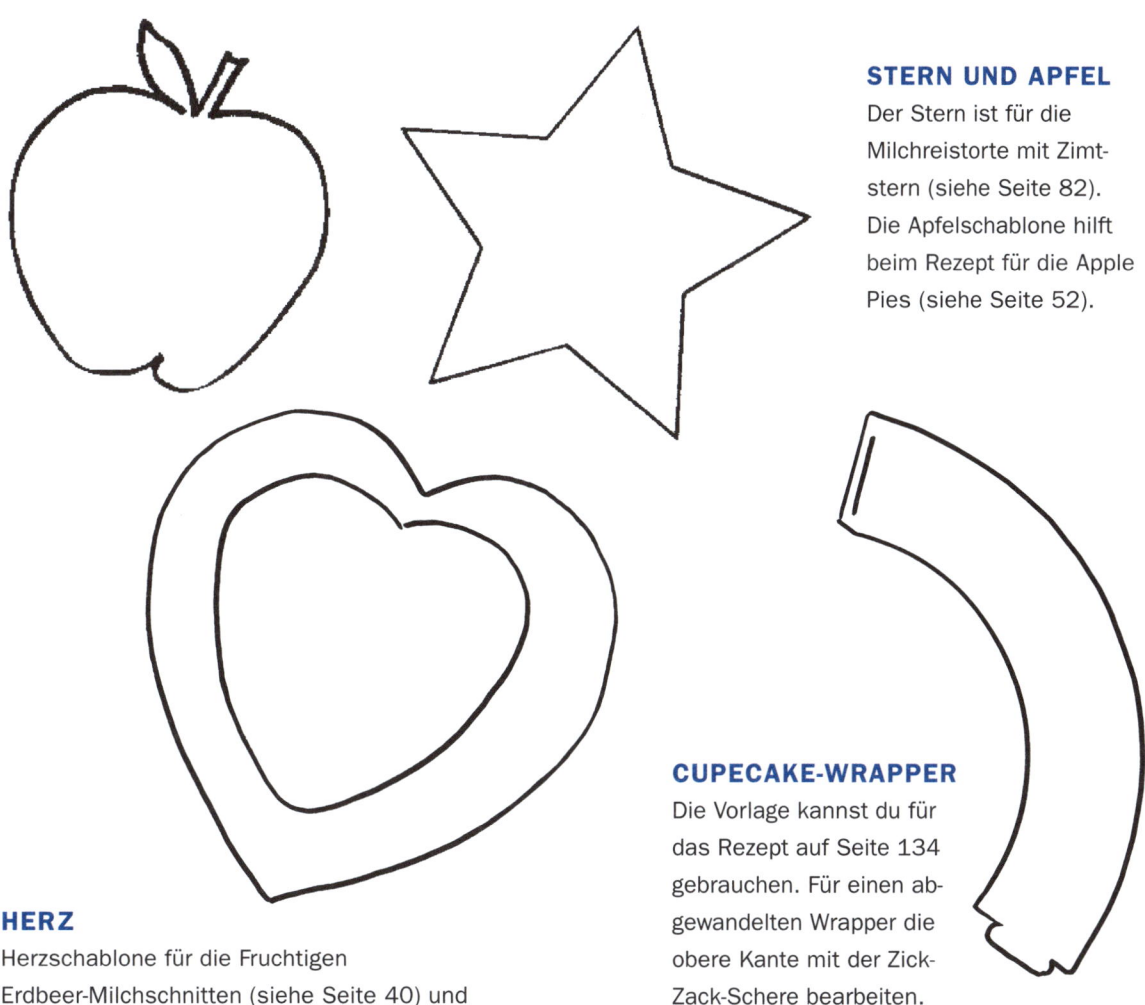

STERN UND APFEL

Der Stern ist für die Milchreistorte mit Zimtstern (siehe Seite 82). Die Apfelschablone hilft beim Rezept für die Apple Pies (siehe Seite 52).

CUPECAKE-WRAPPER

Die Vorlage kannst du für das Rezept auf Seite 134 gebrauchen. Für einen abgewandelten Wrapper die obere Kante mit der Zick-Zack-Schere bearbeiten.

HERZ

Herzschablone für die Fruchtigen Erdbeer-Milchschnitten (siehe Seite 40) und den Erdbeer-Piñata-Cake (siehe Seite 62).

Produktmanagement: Annemarie Heinel
Textredaktion: Monika Judä
Korrektur: Regina Jooß
Layout und Satz: Kirsten Harbers
Umschlaggestaltung: Kirsten Harbers
unter Verwendung eines Fotos von Kessy Bóna
Repro: Repro Ludwig, Zell am See
Herstellung: Bettina Schippel
Text und Rezepte: Kessy Bóna
Fotografie und Styling: Kessy Bóna

Printed in Germany by Phoenix Print

★ ★ ★ ★ ★

Sind Sie mit diesem Titel zufrieden? Dann würden wir uns über Ihre Weiter-
empfehlung freuen. Erzählen Sie es im Freundeskreis, berichten Sie Ihrem
Buchhändler, oder bewerten Sie bei Onlinekauf. Und wenn Sie Kritik, Korrekturen,
Aktualisierungen haben, freuen wir uns über Ihre Nachricht an:
Christian Verlag, Postfach 40 02 09, D-80702 München oder
per E-Mail an lektorat@verlagshaus.de.

Unser komplettes Programm finden Sie unter  www.christian-verlag.de

Die Deutsche Nationalbibliothek verzeichnet diese Publikation in der
Deutschen Nationalbibliografie; detaillierte bibliografische Daten sind
im Internet über http://dnb.d-nb.de abrufbar.

© 2016 Christian Verlag GmbH, München

ISBN 978-3-86244-834-0

Wenn Ihnen dieses Buch gefallen hat, empfehle ich Ihnen außerdem
„Zuckerwölkchen und Sahneküsschen". Ihre Kessy Bóna

Danksagung

Dieses Buch widme ich meinem geliebten Mann Viktor, der über
Wochen unermüdlich mitgeholfen hat, die verrücktesten Ideen umzusetzen;
meinem Sohn Kenoa, der so manches Mal am Liebsten schon vor
dem Fotografieren gekostet hätte, sich aber doch sehr beherrscht hat
(danke auch für deine Fotos auf deiner Kinderkamera, mein
kleiner Schatz, die können wir bestimmt noch gut gebrauchen!);
meinen Eltern, die mir immer den Rücken freihalten und mich darin
bestärken, meine Träume zu leben und mich frei zu entfalten;
meinem Verlag, der an mich glaubt und mir schon zum zweiten Mal den Weg
zum eigenen Buch geebnet hat und mich dabei mit Rat und Tat unterstützt;
und natürlich meinen Lesern, die mich durch ihre zahlreichen E-Mails
immer wieder motivieren und mir Feedback geben.

Ein herzliches Dankeschön geht außerdem an folgende Firmen
für die Unterstützung bei der Produktion:
Bluebox Tree GmbH, www.blueboxtree.com
Casa di Falcone, www.casa-di-falcone.de
Original Kaiser – WMF Group GmbH, www.wmf.com
Silikomart S.R.I., www.silikomart.com

Ich hoffe, Euch mit diesem Buch ein gutes Stück begleiten zu können
und einfach eine Freude zu machen.

Süße Grüße
Eure Kessy

Ebenfalls erhältlich ...

ISBN 978-3-86244-679-7

ISBN 978-3-86244-670-4

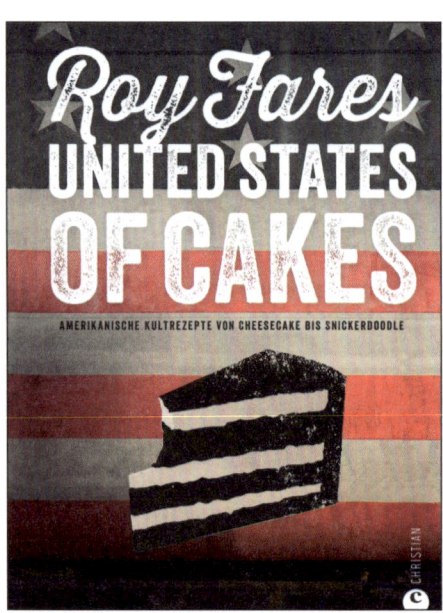

ISBN 978-3-86244-674-2

ISBN 978-3-86244-319-2